David Ogilvy

오길비, 광고가
과학이라고?

내가 **꿈꾸는 사람** _ 광고인

David Ogilvy

초판 1쇄 2015년 6월 19일
초판 3쇄 2022년 5월 2일

지은이 김병희

책임 편집 문은영
마케팅 강백산, 강지연
표지디자인 권석연
본문디자인 이미연

펴낸이 이재일
펴낸곳 토토북
주소 04034 서울시 마포구 양화로 11길 18, 3층(서교동, 원오빌딩)
전화 02-332-6255
팩스 02-332-6286
홈페이지 www.totobook.com
전자우편 totobooks@hanmail.net
출판등록 2002년 5월 30일 제10-2394호
ISBN 978-89-6496-268-8 44990

내가 **꿈**꾸는 **사람** _광고인

David Ogilvy

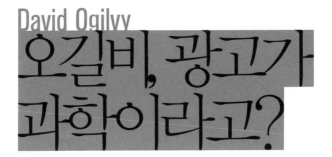

오길비, 광고가
과학이라고?

글 김병희

타
ㅁ

오길비에게 배우는
광고의 정석, 성공의 정석

독자 여러분! 광고 좋아하세요? 우리는 하루에도 수백 가지의 광고 메시지에 자신도 모르는 사이에 접촉하게 됩니다. 프랑스의 평론가 로베르 쒜렝은 "우리가 숨 쉬고 있는 공기는 산소와 질소 그리고 광고로 구성되어 있다"고 했어요. 우리가 호흡하는 공기처럼 광고가 늘 우리 곁에 있다는 뜻입니다.

그럼 다양한 업종 중에서 광고는 어떤 기능을 할까요? 광고의 가장 중요한 기능은 상품을 판매하는 것입니다. 하지만 현대 광고는 상품 판매를 촉진하는 수단에 머물지 않고 소비문화나 대중문화에 큰 영향을 미치고 있어요. 이 두 가지가 다른 업종에서 찾을 수 없는 광고만의 독특한 기능이죠.

그럼 '광고인' 하면 떠오르는 사람이 누구일까요? '장군' 하면 저절로 이순신 장군의 이름이 떠오르듯이 말이죠. 광고를 하는 사람치고 데이비드 오길비를 모르는 사람은 없을 거예요. 오길비는 맨손으로 시작해서 세계의 모든 광고인에게 꿈을 심어준 우리 시대의 위인이라고 할 수 있어요. 그는 많은 광고인이 닮고 싶은 역할 모델이고 후배 광고인들에게 꿈을 심어주었어요. 무엇보다 긴 방황 끝에 광고를 발견하고 광고에 자신의 모든 것을 걸었어요. 이런 이유 때문에 저는 이 책을 준비하면서 세상의 많은 광고인 중에서 오길비를 선택했어요.

오길비가 만든 광고회사 '오길비 앤 매더'는 광고를 잘 만들어 오랫동안 세계적으로 유명한 브랜드를 관리하고 키운 것으로 유명해요. 오길비 앤 매더의 광고주들은 우리가 알고 있는 아메리칸 익스프레스 카드, 노스웨스트 항공사, 시어즈, 포드, 바비, 폰즈, 도브, 맥스웰 하우스를 비롯해, 게임 업계의 거물인 EA게임스와

IT업계의 선두주자인 IBM과 모토로라 등 셀 수 없이 많아요. 오길비는 1999년 하늘나라로 갔고 그가 만든 광고회사도 더블유피피 WPP라는 미디어 기업에 인수되었지만, 지금도 오길비 앤 매더는 계속 성장하고 있어요.

그런데 이토록 대단한 사람이 사실은 대학교 2학년 때 낙제해서 퇴학당하고, 요리사, 방문 판매원, 농부 등 다양한 직업을 전전한 끝에 서른아홉 살이 되어서야 비로소 뉴욕 광고계에 등장했다면 믿을 수 있겠어요? 아무도 채용해주지 않아서 어쩔 수 없이 광고회사를 직접 차려야 했던 사람이 '광고의 아버지'라는 이름을 얻게 되었다는 것을요. '늦깎이'라는 말은 아마도 오길비를 두고 한 말일 거예요.

뒤늦은 출발, 하지만 엄청난 성공을 거둔 오길비에게 어떤 숨은

힘이 있었을까요? 그리고 오길비를 성공으로 이끈 원동력은 무엇일까요? 그는 다양한 경험을 통해 늘 이것저것 배우기를 즐겼어요. 좋아하는 광고에 늘 몰입했고, 윌리엄 번벅이라는 친구이자 좋은 경쟁자를 만났어요. 게으름은 성공의 적이라고 생각하며 늘 부지런하게 생활했어요. 그리고 자신의 재능을 기부하고 다양한 사회봉사 활동도 했어요. 이 다섯 가지가 그를 성공한 광고인으로 만든 원동력이죠. 우리는 오길비의 성공 그 자체만을 볼 게 아니라, 오길비를 성공하게 만든 다섯 가지 원동력을 특히 주목해서 살펴볼 필요가 있어요.

　오길비는 자주 후배 광고인들에게 이렇게 말했어요. "광고가 세상의 다른 어떤 것보다 흥미로운 일로 느껴지지 않는 한 광고인이 되지 마라." 이 말을 다르게 바꿔보면 이렇게 돼요. "광고가 세상의 다른 어떤 것보다 흥미로운 일로 느껴진다면 꼭 광고인이 돼라."

　오길비의 말이 아니더라도 광고는 평생 직업으로 한번 생각해 볼 만한 매력이 있어요. 광고는 '젊은이의 비즈니스'라고 말하는데 실제로는 그렇지 않아요. 광고란 젊은이의 비즈니스가 아니라 '젊은 마음'의 비즈니스죠. 마음만 젊으면 나이에 관계없이 평생 일할 수 있는 분야죠. 일반 직장에서는 대개 60세면 정년퇴직을 하고 나와야 하지만 광고는 그렇지 않아요. 창의적인 아이디어만 낼 수 있다면 나이도 상관 없고 정년도 없어요. 실제로 우리나라 1세대 카피라이터인 김태형 선생님은 일흔이 넘어서도 카피를 쓰고 고액 연봉도 받으셨답니다. 아이디어 발상법으로 유명한 미국의 제임스 웹 영James Webb Young은 여든여덟에 세상을 떠났는데, 자신의 이름을 따서 묘비명을 이렇게 남겼어요. "나는 젊을 때 죽었다I was died young."

저 역시 광고를 가르치는 교수가 되기 전에는 광고 카피라이터 일을 했어요. 그때 오길비가 남긴 책은 카피라이팅의 바이블이었답니다. 그리고 지금 광고학을 가르치는 교수로 살면서도 오길비에게 광고의 정석에 대해 많이 배우고 있어요. 그는 '부와 명예 같은 세속적인 의미에서 성공했느냐?'가 아닌, '얼마나 가치 있는 삶을 살았느냐?' 같은 문제를 계속 생각하도록 해요.

그럼 이제, 오길비라는 위인에 대해 좀 더 자세히 알아볼까요?

2015년 5월

김병희

광고의 아버지가
떠났네

1999년 7월 21일. 그날도 다른 날과 똑같이 아침 해가 떠올랐어요. 하지만 전 세계 광고인들은 깜깜한 어둠 속에 남겨진 것처럼 온종일 마음이 편치 않았답니다. 바로 그날, 전설적 광고인인 데이비드 오길비가 프랑스 본에 있는 자신의 집, 샤또 드 투푸에서 여든여덟 살의 나이로 세상을 떠났기 때문이죠.

세계 각국의 언론에서는 '광고의 아버지'가 하늘나라로 갔다고 하거나 '현대 광고 산업에서 가장 영향력 있는 인물'이 서거했다며 앞다투어 기사를 내보냈어요.

> "오길비는 세계에서 가장 큰 광고회사를 창립했고, 미국 광고
> 의 지형을 바꾸는 데 이바지했다. 한편 그의 캠페인이 판매에 미

친 영향은 측정하기 어려울 정도이며, 그의 작품은 세계적으로 잘 알려진 가정용품의 많은 이미지를 만들어냈다. 그의 광고는 1960년대의 크리에이티브 혁명을 주도했다. 그 광고들은 지루하고 반복적인 스타일의 광고들에 비해 현저히 뛰어났다." - 〈뉴욕 타임스〉 1999년 7월 22일

"광고계의 왕, 데이비드 오길비 타계. 광고계의 전설인 데이비드 오길비가 22일 프랑스의 본에서 별세했다. 세계 8위 광고회사인 '오길비 앤 매더'의 설립자 오길비는 '해서웨이 셔츠를 입은 남자' '슈웹스 중령' 등 광고계의 명작을 남겼으며, 롤스로이스 광고에서 '시속 60마일에서 당신이 들을 수 있는 가장 큰 소음은 전자시계 소리'라는 불후의 광고 문구를 탄생시켰다. 영국 태생

인 오길비는 1948년 회사 설립 후 '팔리지 않는 광고는 필요 없다'며 지적 수준이 높으면서도 소비자의 구매욕을 자극하는 광고를 만들어내 기존 광고 개념을 뒤바꿔 놓기도 했다. '소비자는 아둔하지 않다. 당신의 아내와 같다.'는 유명한 말을 남긴 그는 《어느 광고인의 고백》,《피와 두뇌, 그리고 맥주》,《오길비의 광고》등 베스트셀러를 썼다. 프랑스 마제스틱 호텔의 요리사, 방문 판매원, 대사관 직원, 농부 등으로 일했으며 30대 중반에 광고업계에 뛰어들었다." - 〈조선일보〉 1999년 7월 22일

"데이비드 오길비, 88세로 타계. 광고계의 태두이자 다국적 광고회사의 창립자인 데이비드 오길비가 7월 22일 프랑스 투푸 자택에서 88세로 타계했다. 데이비드 오길비는 지난 수십 년간 광

고계의 존경받는 리더였으며 그가 창안한 '해서웨이 셔츠를 입은 남자' '슈웹스 중령' 등은 광고 역사상 가장 기억될 만한 광고들로 꼽혀왔다. 그는 또한 《어느 광고인의 고백》 같은 베스트셀러 광고책의 저자이기도 하다. 1948년 뉴욕에서 광고회사를 설립한 이후 20여 년간 오길비는 리버 브라더스, 아메리칸 익스프레스 카드 등의 광고 캠페인을 전개했다. 오길비는 광고의 전문성과 수준을 향상시킨 것으로 널리 알려져 있으며 '당신의 가족이 보지 않기를 바라는 그런 광고는 절대 하지 말 것', '소비자는 아둔하지 않다. 소비자는 바로 당신의 아내다' 같은 말로 대변되는 광고에 대한 강한 신념으로도 유명하다. 1967년 데이비드 오길비는 영국 정부로부터 CBE(대영제국 커맨더 훈장)수여라는 영예를 안았고, 1977년에는 광고의 명예 전당에 올랐으며 1990

광고의 아버지가 떠났네

년에는 프랑스의 문예훈장을 수여받았다. WPP 그룹 산하의 오
길비 앤 매더 월드와이드는 세계 제 8위의 광고회사로 100여 개
나라에 359개의 사무소를 운영하며 매출은 98억 달러이다."

– "데이비드 오길비, 88세로 타계" 〈광고정보〉 1999년 8월호,
119쪽

　20세기의 광고를 대표하는 인물이 21세기를 눈앞에 두고, 은퇴
식을 거행하는 것 같은 안타까움이 구구절절 배어 있는 기사들
만 훑어봐도 오길비라는 사람이 얼마나 대단한 광고인이었는지
짐작할 수 있겠죠? 오길비는 사람들이 죽었을 때 애도하며 생전
의 업적을 기리는 글인 '조사^{弔詞}'에 큰 의미를 부여했어요. 왜냐하
면 '조사' 안에 그 사람의 한 평생이 다 녹아 있다고 생각했거든요.

'부와 명예 같은 세속적인 의미에서 성공했느냐?'가 아니라 '얼마나 가치 있는 삶을 살았느냐?' 하는 질문에 대한 답으로써 말이죠.

서른아홉이라는 늦은 나이에 아무도 채용해주지 않아서 어쩔 수 없이 직접 광고회사를 차려야 했던 사람이 '광고의 아버지'라는 이름을 얻게 되기까지 오길비가 걸어온 길을 따라가노라면, 주먹구구식으로 만들던 광고에 현대적인 기법을 도입해서 크리에이티브 열풍을 일으키고, 광고를 배우고 싶은 젊은이들에게 훌륭한 이론과 실제 경험을 모두 물려준 사람을 만나게 돼요. 현대 광고의 역사를 고스란히 담고 있는 사람을요. 그가 거쳐온 다양한 직업과 좌절, 성공의 경험은 지금 이 글을 읽고 있는 여러분에게도 큰 도움을 줄 거예요. 그럼, 오길비를 만나볼까요?

"어떤 광고를 만들고 싶으세요?

박수 받는 광고입니까?

아니면

소비자를 행동하게 하는 광고입니까?"

오길비

방황의 끝은 어딜까?

이루고 싶은 목표가
보이지 않아

몰락한 귀족 가문에서 태어난 오길비는 귀족 가문의 체통을 지키려 애쓴 부모님 덕분에 당대 최고의 명문 학교에 다닐 수 있었어요. 하지만 가난하다고 구박하는 사람들에게 시달리고, 엄친아 형 그늘에 가려 주눅 든 소년 시절을 보냈어요. 그래도 남다른 창의력과 문장 실력, 리더십이 있었기에 옥스퍼드대학교에 장학생으로 입학했지만, 자신의 힘으론 해결할 수 없는 지긋지긋한 가난과 엄격한 학교 생활에 더 이상 공부할 의지를 상실하고 말았어요.

몰락한 귀족 가문의 넷째 아이

데이비드 오길비David Mackenzie Ogilvy는 1911년 6월 23일 영국의 수도 런던에서 50km 정도 떨어진 시골 마을인 웨스트 호슬리에서 태어났어요. 5남매 중 넷째로 말이죠. 신기하게도 그가 태어난 6월 23일은 할아버지의 생일, 아버지의 생일과 똑같은 날이었어요.

아버지 프란시스Francis John Longley Ogilvy, 1867~1943는 스코틀랜드 북부 산악 지대의 귀족 가문에서 태어난 엘리트 학자였어요. 어머니 도로시Dorothy Blow Fairfield는 아일랜드 출신의 의학도였는데, 똑똑하고 야망이 큰 미인이었죠. 두 분이 결혼하면서 어머니는 의학 공부를 접어야 했어요. 당시 사회적 분위기로는 여성이 결혼하면 아이를 키우는 것이 자신의 공부보다 더 중요한 때였거든요. 보수적인 생각을 한 아버지도 당연히 이런 사회적 분위기가 옳다고 생각하셨고요. 고전을 연구하는 학자인 아버지 프란시스는 가장으로서 돈을 벌어야 한다는 생각에 직업을 주식 중개인으로 바꿨어요. 그리고 곧 자리를 잡았죠.

천식을 달고 살던 오길비는 다섯 남매 중 가장 병약한 아이였어요. 레슬링, 나무 타기 등등 누나들과 무슨 놀이를 해도 지기만 해서 소심하고 나약한 꼬맹이라고 무시당하기 일쑤였어요.

오길비가 세 살 되던 해인 1914년, 제1차 세계대전이 벌어졌어요. 그 여파로 주식이 곤두박질치면서 런던 증권거래소가 대혼란을 겪게 되고, 아버지도 파산했어요. 갑자기 살림살이가 어려워진 오길비 가족은 한동안 런던에서 외할머니와 함께 살다가, 런던 근교에 있는 소도시 길포드로 이사 가게 되었어요. 그곳에서 오길비네 가족은 《이상한 나라의 앨리스》를 쓴 작가 루이스 캐럴의 집을 구입해서 살게 되었죠.

하지만 자존심이 강한 오길비의 부모님은 아무리 가난해도 품위는 지키며 살려고 노력했어요. 궁핍한 살림살이를 겉으로 드러내지 않고 운전사, 유모, 보모와 두 명의 하인을 거느린 귀족 집안의 체통을 지키려 애를 썼지요. 특히 어머니는 의사가 되지 못한 자신의 한을 아이들을 통해 풀려고 했어요. 아이들이 유명해지기를 바라는 마음에서, 최고의 엘리트 코스로 교육시켰어요.

끔찍한 기숙학교 생활

여섯 살이 되자 부모님은 오길비를 잉글랜드 남쪽 해안의 서섹스 주 이스트본에 있는 세인트 시프리언 예비학교Saint Cyprian's School에 보냈어요. 그런데 오길비는 학교에 간 첫날부터 어린 마음에 큰 상처를 받았어요.

"데이비드, 넌 잉글랜드에서 태어났지만 스코틀랜드 귀족 가문의 아이야. 그러니 집안 전통대로 킬트*를 입고 학교에 가야 해."

킬트를 입은 오길비의 모습을 보고 친구들은 놀려댔어요.

"저 애 좀 봐. 학교에 오면서 단정하지 못하게 킬트 차림이라니!"

"완전히 스코틀랜드 촌뜨기 아니야?"

"여긴 잉글랜드라구! 킬트 따위 입으려면 스코틀랜드로 가 버려."

당황한 오길비는 놀리던 친구 한 명에게 주먹을 날렸어요. 그 후 오길비는 어머니의 충고에 따라 주먹이 아니라 말로 싸우는 법 을 배웠어요. 하지만 이건 시작에 불과했어요. 오길비에게 더 끔 찍한 수난이 기다리고 있었거든요.

세인트 시프리언은 당시 영국 상류층의 자녀들이 다니는 명문 기숙학교로 꼽혔어요. 소설가 조지 오웰과 문학 평론가 시릴 코널 리, 패션 사진가 세실 비턴도 이 학교를 다녔답니다.

부모님의 경제 상황으로는 오길비를 이 학교에 보낼 형편이 못 되었지만, 교장 선생님은 수업료를 절반만 받고 오길비를 받아주 었어요. 명문인 케임브리지대학교를 다닌 아버지나 형처럼 오길

---

* **킬트(kilt)** 스코틀랜드에서 남자들이 전통적으로 입는 무릎까지 내려오는 스커트 모양의 옷. 영국은 잉글 랜드, 웨일즈, 노던 아일랜드, 스코틀랜드 네 개 지역으로 나눌 수 있는데, 스코틀랜드는 1707년 잉글랜드 와 합병되었어요. 그런데 스코틀랜드는 독립 성향이 강한 지역이어서 최근 독립 찬반 투표까지 하였으나, 부결되었어요.

비도 총명한 아이일 거라는 기대에서였죠. 하지만 교장 선생님의 아내인 윌크스 부인은 가난한 집안 아이인 오길비를 눈엣가시처럼 싫어했어요. 한번은 오길비가 복숭아를 사러 학교 밖으로 나가려고 윌크스 부인에게 허락을 받으러 갔어요.

"네가 감히 복숭아를 산다고?"

윌크스 부인은 친구들 모두 들을 수 있을 정도로 큰 소리로 오길비를 꾸짖었어요.

"네 아버지는 너무 가난해. 그래서 우리가 거의 공짜로 너를 여기 있게 해주는 거야. 가난뱅이 아들이 복숭아 같은 값비싼 과일을 사려고 돈을 쓰면 안 되지. 그럴 권리도 없고."

세인트 시프리언에서는 성경을 집중적으로 가르쳤어요. 학생들은 매일 성경을 열두 구절씩 외워서 아침 식사 때 암송해야 했는데, 두 구절 이상 틀리면 하루 종일 굶는 벌을 받았어요. 윌크스 부인 눈 밖에 난 오길비는 남들보다 굶는 날이 훨씬 많았어요.

"오길비, 나폴레옹은 어느 나라 사람이지?"

"음, 그게…. 나폴레옹의 동생 루이가 네덜란드 왕이었으니까, 나폴레옹도 네덜란드 사람입니다."

"아니야, 나폴레옹은 프랑스 사람이지. 정답을 못 맞혔으니 벌로 오늘 저녁 식사는 없다."

늘 이런 식이었죠. 오길비는 배고픔에 시달리는 날이 많았지만 부모님과 멀리 떨어져 있어서 이런 사정을 이야기할 수도 없었어요. 엄마가 그리운 여섯 살 아이는 연유 캔에 작은 구멍을 뚫어서 젖을 먹듯 빨아 마시며 잠들곤 했어요. 그나마 연유마저 떨어지는 날엔 공짜로 얻은 치약 샘플을 빨면서 자야 했죠. 악몽을 꾸다 깨는 날도 많았지요. 이런 끔찍하고 외로운 경험 때문에 오길비는 불안하고 자신감 없는 소년으로 자라났어요. 오길비는 죽을 때까지 돈에 집착했는데 아마도 여기서 겪은 끔찍한 기억이 뇌리에 깊이 새겨졌기 때문이 아닌가 싶어요. 그 기억이 얼마나 지독했는지, 오길비는 자서전에 월크스 부인을 '악마 같은 여자'라고 묘사했어요.

월크스 부인에게 상처 입은 학생이 오길비만은 아니었어요. 조지 오웰도 월크스 부인을 끔찍하게 생각했죠. 소설 《1984》에서 빅브라더를 묘사할 때 월크스 부인을 모델로 삼을 정도였다고 해요. 세실 비턴도 회고록에서 "세인트 시프리언에서 벗어난 것은 내 어린 시절의 가장 중대한 사건이었다"고 썼대요.

넘을 수 없는 벽, 엄친아 형 프랜시스

아홉 살이 되자, 오길비는 이스트본*에 있는 귀족 사립학교인

---

* **이스트본** 런던에서 남쪽으로 약 60킬로미터 떨어진 영국해협 근처의 휴양지.

도더보이스 홀Dotheboys Hall에 입학했어요. 끔찍했던 세인트 시프리언에서의 악몽을 떨쳐내고 심기일전한 오길비는 차츰 안정을 되찾아 기숙사 생활에 적응해갔죠. 오길비가 열 살 때 부모님이 받은 통지표에는 이렇게 쓰여 있었어요.

"아이가 매우 창의적이며 언어를 잘합니다. 선생님에게 따지는 경향이 약간 있으며, 자신이 옳고 책이 틀렸다고 주장하기도 합니다. 아이가 창의적이라는 증거입니다. 하지만 그런 버릇은 고치는 것이 현명하며 아이 스스로 고치려고 노력하기를 바랍니다."

"수학을 진지하게 생각하고 잘합니다. 다만, 교사들보다 더 나은 방법을 찾기 위해 몰두하고 있을 때만 그렇습니다."

창의성이 무엇보다 중요한 광고인으로 성공할 소질이 엿보이는 통지표예요. 하지만 수줍음 많고 소심한 약골인 오길비에겐 풀기 어려운 숙제가 있었어요. 바로 같은 학교 선배이기도 한 여덟 살 많은 형, 프랜시스 때문이었어요. 프랜시스는 공부도 뛰어나게 잘하고 운동도 잘하는 모범생이었죠. 오길비도 열심히 공부했지만, 형을 따라잡을 수는 없었어요.

"쟤가 프랜시스의 동생이래."

"형만 한 아우 없다는 속담이 틀린 말은 아니네."

형과 자신을 비교하는 말을 들을 때마다 자존심 강한 오길비는 화가 나기도 하고 주눅이 들기도 했어요. 형에게 열등감마저 느낄 정도였답니다. 그래서인지 오길비는 도더보이스 홀에서 그리 두각을 나타내지 못하는, 존재감이 뚜렷하지 않은 학생이었어요.

드디어 형의 벽을 넘어 최우수 학생으로

열세 살에 오길비는 스코틀랜드 에든버러에 있는 남자 기숙학교인 페티스 칼리지Fettes College에 입학했습니다. 당시 영국 귀족 가문에서는 모두 이 학교에 아들을 보내고 싶어 했어요. 그 무렵 스코틀랜드의 교육 체계는 세계 최고였고, 그중에서도 페티스 칼리지는 스코틀랜드 최고의 학교였으니까요. 영국 총리를 지낸 토니 블레어도 이 학교 출신이랍니다.

그사이 집안 사정은 더욱 나빠져서 오길비를 학교에 보낼 돈이 없었어요. 이대로 학업을 중단해야 할 위기에 몰린 거예요. 하지만 하늘이 무너져도 솟아날 구멍이 있다고 하잖아요? 오길비의 종조부이자 고등법원 판사를 거쳐 변호사로 명성이 높았던 잉글리스 공이 페티스 칼리지의 이사를 맡은 데 이어 48년 동안 학장직을 역임했기 때문에, 오길비 가문 사람들은 재단 장학금을 받고 페티스 칼리지를 다닐 수 있었어요. 할아버지부터 아버지, 형 프랜시스, 오길비까지도요.

간신히 학교에 다닐 수 있게 되었지만, 부모님은 아들 생일

페티스 칼리지의 웅장한 본관 건물.

에 케이크를 사 줄 돈도 없었어요. 학교에서 집까지의 거리는 약 80km 정도였지만, 부모님은 오길비가 페티스 칼리지에 다니는 4년 동안 단 한 번도 아들을 찾아오지 않았어요. 아니, 찾아오지 않은 게 아니라 교통비가 무서워 오지 못한 거예요. 아버지의 수입은 연봉 1000달러도 안 되는 상황이어서 도저히 생활을 꾸려가기 어려웠어요. 고민 끝에 할아버지에게 돈을 빌려달라고 했다가 거절당하자 절망에 빠진 아버지는 자살을 기도했어요. 다행히 가족들에게 들켜서 겨우 목숨을 건졌지요.

여기서 잠깐

페티스 칼리지는요

윌리엄 페티스 경이 일찍 사망한 외동 아들을 기리기 위해 기부한 16만 6000파운드의 거금을 바탕으로 1870년 설립된 기숙학교입니다. 스코틀랜드를 대표하는 명문 학교로 자리잡아 '북부의 이튼 스쿨'로 불리고 있습니다. 처음엔 남학교였으나 1970년부터는 여학생도 입학할 수 있게 되었습니다.

페티스 칼리지는 당대 최고의 건축가로 꼽히는 데이비드 브라이스가 프랑스 루아르 성과 19세기 스코틀랜드 건축 양식을 섞어서 지은 본관 건물로도 유명합니다. 뾰족탑, 박공지붕(경사진 지붕의 양쪽 끝부분에서 지붕면과 벽이 이루고 있는 삼각형 단면의 모서리를 가진 지붕 형태), 부벽(벽을 안정시키기 위하여 외벽 면의 곳곳에 세로로 튀어나오게 만든 장치), 괴물 석상으로 장식된 아름다운 고딕 양식 건물이랍니다. 소설 〈해리 포터〉 시리즈에 나오는 호그와트 마법 학교는 바로 페티스 칼리지를 모델로 만들어졌다고 해요.

오길비는 향수병에 걸려 가족들에게서 편지가 오기만을 날마다 애타게 기다렸어요. 그것 말고는 달리 가족들과 대화를 나눌 길이 없었기 때문이죠. 다들 집으로 돌아가 쉬는 주말에도 오길비는 집에 가지 못하고 친구 집으로 가 친구의 가족들과 함께 지낼 수밖에 없었죠. 이런 어려움을 겪으면서 여리고 소심했던 오길비는 차츰 강한 소년으로 바뀌었어요. 평생 동안 가깝게 지낸 좋은 친구들도 많이 사귀게 되었어요. 첫사랑인 진을 만난 것도 이 무렵, 열두 살 때의 일이었죠. 그때 오길비와 제일 가까운 친구는 조니 로더햄이었는데, 조니의 집에 갔다가 그의 누나 진을 만나 첫 눈에 반한 거예요. 대부분의 첫사랑이 그렇듯, 오길비는 진에게 말 한마디 제대로 건네지 못하고 속만 태우고 말았지만요.

오길비는 공부도 열심히 했어요. 페티스 칼리지에서 읽고 쓰기에 대한 기본기를 철저히 배웠죠. 영어 문법은 물론, 명문가 출신이라면 당연히 배워야 하는 라틴어도 공부했고, 그리스어 문법과 읽기 쓰기까지 철저히 교육받았어요. 메시지를 정확하게 전달하는 능력은 광고 카피라이터라면 꼭 갖추어야 하는데, 그 기초를 이때 다진 거예요. 더블베이스 연주도 배웠는데, 스코틀랜드 왕립음악아카데미의 교장을 지낸 음악가 헨리 하버걸Henry Havergal이 당시 오길비에게 더블베이스를 가르치던 음악 선생님이었어요. 오길비는 그 이후 헨리 선생님 부부와 60년 넘게 친분을 유지했어요.

토론 동아리를 이끌면서 리더십도 키웠어요. 그래서 상급생이 되었을 때는 기숙사의 반장도 맡게 되었어요. 사회와 경제 관련 과목을 좋아해서 현대연구사회정치경제 과목에서는 최고의 성적을 받았고요.

형 프랜시스의 그늘에 가린 소심한 아이는 어느새 사라지고, 페티스 칼리지를 졸업할 때 오길비는 '최우수학생' 증서를 받을 만큼 뛰어난 학생으로 거듭났어요.

옥스퍼드대학교 장학생으로 입학, 그러나

페티스 칼리지를 졸업한 오길비는 어려운 형편에 돈을 벌기 위해 에든버러 빈민가의 보이즈 클럽에서 일하며 틈틈이 대학 진학에 필요한 에세이를 열심히 썼어요. 우리의 입시 제도와는 달리 영국 대학 입시에서는 에세이가 매우 중요한 비중을 차지한답니다.

오길비가 쓴 대학 지원 에세이는 평가 위원들에게 깊은 감동을 주었어요. 옥스퍼드대학교의 수석 입학 사정관은 '시험 점수가 좋은 학생이 아니라 장래성이 가장 높은 학생에게 장학금을 주어야 한다'는 지론을 펴며 오길비에게 전례가 드문 혜택을 주었어요. 파격적인 조건의 장학금과 함께 옥스퍼드대학교 크라이스트처치 Christ Church, Oxford 캠퍼스 역사학과에 합격시킨 거예요.

만일 오길비가 장학금을 받지 못했다면 아마 옥스퍼드대학교에 합격했다손 치더라도 대학을 다닐 수가 없었을 거예요. 오길비는 첫 지도 교수에게 매우 흥미롭고 강인한 학생이라는 칭찬을 받으며 대학 생활을 시작했어요. 아버지와 형은 케임브리지대학교 출신이라, 더 이상 아버지나 형과 비교당하지 않아도 된다는 안도감과 해방감도 느꼈을 거예요.

하지만 기쁨도 잠시, 오길비는 대학 생활에 흥미를 느낄 수가 없었어요. 당시의 영국 대학은 형식적인 분위기가 강했는데, 명문 중의 명문인 옥스퍼드대학교 크라이스트처치 캠퍼스의 분위기는 더욱 더 심했어요. 식사 시간에 장학생은 일반 학생들보다 조금 더 높은 자리에 있는 테이블에 앉았어요. 교직원은 그보다 훨씬 더 높은 자리에 앉았어요. 그야말로 앉은 자리가 곧 계급을 상징했어요. 식사 시간이나 개인 수업, 전체 강의 시간에 일반 학생들은 짧은 가운을 입었지만 오길비 같은 장학생은 검은색의 긴 가운을 입었어요. 어디 그뿐인가요? 일주일에 네 번 있는 정찬 때는 턱시도를 입어야 했고 특별 행사가 열리면 흰 나비 넥타이까지 갖춰 입어야 했어요.

오길비는 이런 격식이 너무 싫었어요. 에세이를 쓸 때 기대한 대학교와는 너무도 다른 캠퍼스 분위기에 질려버렸어요. 게다가 집안의 어려움은 여전해서, 가난이 지긋지긋했던 오길비는 어떻게 큰돈을 벌 수 있을까에 대해서만 생각하게 되었어요.

'역사학과를 졸업하면 교사가 되겠지? 그런데 교사 월급으로는 이 가난을 벗어날 수가 없을 거야. 어떻게 하면 큰돈을 벌 수 있을까?'

오길비는 전공을 현대사에서 의학으로 바꾸었어요. 친구들과 이야기할 때마다 의사가 되겠다는 소망을 낭만적으로 늘어놓았죠. 하지만 갑자기 전공을 바꾸고 보니, 적성에 맞지 않는 이과 공부에 몰입하기가 어려웠어요. 오길비의 머릿속은 혼란스러웠고 점점 무력감에 빠져들어서 아무것도 할 수가 없었어요. 완전히 지치고 진이 빠진 오길비는 건강이 극도로 나빠졌어요. 수업 시간에 지각하기 일쑤였고, 결국 단 한 과목도 시험에 통과하지 못했어요.

학위를 받지 못하고 크게 상심한 오길비는 1931년 옥스퍼드대학교를 떠났어요. 그는 자서전에서 대학 시절에 대해 이렇게 말했어요.

"저는 공부를 잘 못했습니다. 경쟁에서 늘 졌습니다. 학교를 쥐고 흔드는 속물들이 역겨웠지요. 저는 구제 불능 반항아에 부적응 학생이었어요. 간단히 말하자면 '쓸모없는 놈'이었죠. 그러니까 쓸모없는 놈들이여, 힘내세요! 학교에서의 성공은 인생에서의 성공과 아무 관계도 없습니다."

옥스퍼드 장학생이 낙제를 하다니, 스스로도 몹시 창피했고 가족들의 낙담도 컸지만, 오길비는 여기서 좌절하지 않았어요. 비록 학교에서는 실패했지만, 학교보다 더 큰 세상에 나가 뭔가 새로운 도전을 하고 싶었죠. 그해는 극도의 경제 불황이 몰아닥친 1931년 이었어요.

세상이라는
큰 학교에서 배우다

쫓기듯 대학을 떠난 오길비는 넓고 거친 세상으로 뛰어들었어요. 그가 택한 첫 번째 직업은 프랑스 마제스틱 호텔의 주방 보조 요리사였어요. '세계 최고의 식당'에서 엄격한 주방의 규율을 익히며 오길비는 근면성과 리더십에 대해 배웠어요. 영국으로 돌아온 오길비는 요리 실력과 프랑스어 실력을 바탕으로 세일즈맨으로서 명성을 날리게 되었죠.

프랑스 주방으로 날아간 스코틀랜드 '야만인' 요리사

대학을 떠나 세상으로 나온 오길비는 프랑스 파리 마제스틱 호텔의 주방에 견습 요리사로 들어갔어요. 아버지가 옛 애인이던 월 고든 부인에게 부탁해 일자리를 구해주었던 거예요. 마제스틱 호텔에서 일곱 개의 객실을 차지하고 있던 고든 부인은 주방 일자리 하나 정도는 쉽게 만들 수 있을 만큼 영향력이 큰 특급 손님이었죠.

오만한 총주방장 므슈 피타흐Monsieur Pitard가 서른다섯 명의 요리사를 거느린 마제스틱 호텔 식당은 1930년대 초반에 수 년 동안 계속 미슐랭 가이드에서 최고 등급을 받은, '세계 최고의 식당'이었죠. 피타흐의 지휘 아래 요리사들이 똘똘 뭉쳐서 그 어떤 요리사보다 훌륭한 요리를 만들어야 한다는 한 가지 목표를 향해 최선을 다했어요.

"똑바로 서지 못해? 여기서는 자세 하나도 중요해. 네가 해야 할 일에 자부심을 가져라."

피타흐는 출근 첫날 벽에 기대 감자를 깎던 오길비를 호되게 야단쳤어요. 주방장의 그 한마디는 오길비에게 일을 대하는 진지한 태도를 갖게 해주었어요.

오길비는 지옥같이 뜨거운 주방에서 땀을 뻘뻘 흘리며 일주일에 63시간씩 일하고 주급 7달러를 받았어요. 그 힘든 시간들은 무기력하고 게으른 낙제생 오길비에게 좋은 해독제가 되었어요. 동료들은 요리 실력이 형편없기로 소문난 영국, 그것도 런던이 아닌 스코틀랜드 출신의 오길비가 세계 최고의 식당 주방에서 일하는 걸 신기하게 생각했어요. 그래서 그에게 '야만인'이라는 별명을 붙여주었어요. 처음엔 모두 오길비를 가망 없는 얼간이라고 생각했지만, 오길비는 묵묵히 요리 실력을 키웠어요.

"스위트룸에 묵으시는 고든 부인께서 씨앗 없이 속이 꽉 찬 사과 구이를 내놓지 않으면 당장 다른 호텔로 옮기시겠답니다."

"그게 무슨 소린가? 씨 없이 속살로만 꽉 찬 사과가 어디 있다고?"

다들 고개를 흔드는 사이에 오길비는 고든 부인을 위해 새로운 조리법을 개발했어요. 사과를 두 개 구워 작은 숟가락으로 속을 긁어냈어요. 그러고는 다른 사과 껍질 안에 가득 채웠어요. 고든 부인은 오길비의 사과구이에 엄청나게 만족해했고, 오길비의 실력은 일취월장해서 어느새 촉망받는 요리사로 인정받기 시작했어요.

프랑스 대통령이 마제스틱 호텔에서 열린 연회에 참석했을 때의 일이에요. 주방은 초긴장 상태였죠. 오길비는 개구리 다리에 소스를 바르고 파슬리 잎으로 장식하는 작업을 하고 있었죠. 갑자

요리사 시절의 오길비.

기 피타흐가 오길비 옆으로 와서 그를 지켜보았어요.

'앗, 내가 또 무슨 실수를 저질렀나?' 오길비가 두려움에 떠는 사이 피타흐는 요리사들에게 모두 모이라고 손짓했어요.

"오길비를 봐. 바로 이런 식으로 하는 거야."

칭찬에 인색한 피타흐가 새까만 견습 요리사를 칭찬한 거예요. 오길비는 뛸 듯이 기뻤어요. 드디어 이 주방에서 인정받은 것 같아서 더욱 열심히 요리사라는 직업에 정진하게 되었죠. 일은 더없이 고달팠지만, 일과 후에는 데이트를 하거나 몽마르트르 언덕에 올라 파리의 야경을 즐기며 자유로운 시간을 만끽했어요. 오길비는 "이때가 대학 시절보다 더 행복했다"고 말하곤 했어요. 계속 요리사로 일했다면 오길비는 광고인이 아니라 세계적인 요리사가 되었을지도 몰라요.

프렌치 레스토랑의 주방에서 경영을 배우다

오길비는 주방에서 경영의 모든 것을 배웠노라고 고백한 적이 있어요. 카리스마 넘치는 최고의 요리사 피타흐에게 많은 영향을 받는데, 그때의 경험이 훗날 오길비가 광고회사를 경영하는 원칙을 세울 때 큰 도움을 주었다는 얘기예요.

피타흐는 총주방장으로서 메뉴를 짜고 계산서를 일일이 확인하고 재료를 주문하느라 정신없는 와중에도 일주일에 한 번쯤은 직접 요리를 했어요. 그러면 오길비를 비롯한 요리사들은 그 주변에 모여서 신기에 가까운 솜씨를 황홀하게 바라보았지요. 요리사들은 피타흐에게 존경심을 가지고 그를 따르게 되었어요.

"이렇게 최고의 실력을 갖춘 리더 밑에서 일할 수 있다는 게 얼마나 흥분되는 일인지! 피타흐처럼 나도 가끔은 직접 카피를 쓰며 아직은 내 실력이 녹슬지 않았다는 사실을 직원들에게 보여주곤 하지요."

광고회사의 CEO로 성공 가도를 달리던 시절, 오길비는 피타흐처럼 자신의 솜씨를 과시하며 젊은 카피라이터들에게 본보기를 보여주었죠.

오길비는 피타흐에게서 열심히 일하는 사람들을 격려하는 노하우도 배웠습니다.

"아주 가끔 칭찬하는 거예요. 정말 잘했을 때만요. 칭찬을 남발하는 것보다 가끔 칭찬하는 것이 직원들을 더 기쁘게 하거든요."

어느 날 요리에 쓸 싱싱한 재료가 똑 떨어졌어요. 이 사실을 피타흐가 알게 되면 담당 요리사가 크게 혼이 날 게 분명했죠. 담당 요리사는 오길비에게 악취 나는 송아지 췌장을 소스 담당에게 가져다주라고 지시했어요. 소스에 섞이면 원재료의 상태를 확인할 수 없게 되니 손님은 아무것도 모른 채 음식을 먹을 수밖에 없겠죠? 오길비는 항의했지만 담당 요리사는 고집을 꺾지 않았어요.

"고자질은 명예롭지 못한 일이라고 배웠지만, 이런 상황에선 어떻게 행동해야 할까 고민스러웠습니다. 하지만 결국에 나는 일을 저지르고 말았죠."

맛이 간 췌장을 피타흐에게 가지고 가서 냄새를 맡아보라고 한 거예요. 피타흐는 아무 말 없이 그 자리에서 담당 요리사를 해고해버렸어요. 오길비는 그의 냉정한 결단력에 충격을 받았지만, 그 일로 인해 자신이 세상에서 가장 훌륭한 주방에서 일하고 있음을 새삼 느끼게 되었어요. 부정과 타협하지 않는 결단력은 나중에 오길비가 광고회사를 경영할 때도 중요한 원칙으로 작용합니다.

오길비는 일주일에 63시간씩 일하느라 쉬는 날 녹초가 되어 일어날 힘도 없었어요. 그런데 피타흐는 일주일에 77시간씩 일하고 2주일에 하루만 쉬면서도 전혀 힘든 내색을 하지 않았어요. 매사에 솔선수범, 부지런한 모습을 보이는 피타흐에게서 오길비는 성실한 리더의 강점을 배웠어요. 그래서 나중에 광고회사 경영자가되고 나서도 밤늦게까지 일했어요. 주말도 따로 없었죠. 자신이 직원들보다 오랜 시간 일한다면 그들도 기꺼운 마음으로 일할 것이라고 생각하며 늘 솔선수범했어요.

피타흐는 무능한 사람을 용서하지 않았어요. 프로가 아마추어와 함께 일하면 사기가 떨어진다는 이유에서였죠. 하지만, 어떤

조직에 꼭 필요한 사람이 되면 해고당하는 일이 절대 없다는 사실
도 깨닫게 해주었어요.

피타흐에게서 이렇게 많은 것을 배웠지만, 오길비는 1년 6개월
만에 마제스틱 호텔을 떠났어요. 당시 요리사 중에서 큰돈을 벌
수 있는 유일한 사람은 주방장이었는데, 주방장이 되려면 적어도
서른다섯 살은 되어야 한다는 것을 알게 되었거든요. 당시 오길비
는 불과 스물두 살, 13년이나 더 그 가난과 뜨거움을 참을 자신이
없었던 거예요.

방문 판매원으로 변신한 오길비

1932년, 오길비는 다시 고향 스코틀랜드로 돌아왔어요. 이번에
는 세일즈맨으로 변신했죠. 집집마다 찾아다니며 부엌용 고급 스
토브 겸 주방 기구 브랜드인 아가 쿠커AGA Cookers를 파는 일이었어
요. 옥스퍼드대학교 장학생에서 프랑스 최고의 레스토랑 보조 요
리사로 변신한 것도 놀랍지만 세일즈맨이라니, 정말 엄청난 변신
이지요? 그의 취직을 도운 사람은 런던의 대형 광고회사인 매더
앤 크라우더Mather & Crowther에서 일하던 프랜시스 형이었어요.

프랜시스는 이제 막 영국에 진출한 아가 쿠커의 광고를 담당하
고 있었어요. 그런데 아가 쿠커의 W. T. 렌 부장이 프랑스어를 할

아가 쿠커는요

아가 쿠커는 한 번 연료를 사용하면 5시간 동안 추가적인 열원 없이도 열을 유지해서 고른 열로 음식을 조리할 수 있는 주방 기구입니다. 각각의 구획마다 온도가 달라서 한꺼번에 다양한 요리를 할 수 있으며, 오븐과 렌지, 난로, 온수 보일러가 결합된 놀라운 기구지요. 내부는 주철로 되어 있고, 외부는 법랑으로 마감한 우아한 디자인으로도 유명합니다.

아가 쿠커를 개발한 사람은 노벨 물리학상을 받은 스웨덴 물리학자이자 발명가인 닐스 구스타프 달렌입니다. 달렌은 태양에 반응하는 센서를 부착한 자동화 등대를 연구 개발하여 수많은 인명을 살린 공로를 인정받아 1912년 노벨상을 수상했습니다.

달렌이 아내를 위해 좀 더 편리한 요리용 스토브를 개발하고자 만든 것이 아가 쿠커였어요. 그가 1922년 아가(AGA) 사를 설립하고 내놓은 아가 쿠커는 놀라운 성능과 디자인으로 인기를 끌었어요. 개발 당시에는 석탄을 열원으로 사용하였으나, 지금은 석유, LPG, 도시가스 중 선택해서 사용할 수 있습니다.

아가 쿠커가 영국에 수출되기 시작한 것은 1929년부터로, 한 대에 500만 원에서 1000만 원에 이르는 높은 가격에도 불구하고, 엄청난 인기를 끌었습니다. 대형 호텔이나 병원, 학교는 물론이고 왕실까지 사로잡으며 영국 상류 사회를 대표하는 상품으로 자리매김했어요.

수 있는 사람을 찾고 있었죠. 호텔과 식당에 아가 쿠커를 팔려면 요리사들에게 사용법을 설명해야 하는데, 당시 요리사 거의 대부분이 프랑스 사람이었든요.

"기회는 준비된 사람에게 찾아온다"는 말이 딱 맞는 경우네요. 오길비가 프랑스 마제스틱 호텔에서 1년 6개월 동안 일하지 않았다면 W. T. 렌 부장을 만족시킬 만큼 프랑스어를 유창하게 구사할 수 없었을 테니까요. 게다가 세계 최고의 레스토랑에서 요리사로 일하며 쌓은 실력은 최고급 조리 기구인 아가 쿠커를 파는 데 꼭 필요한 기술이기도 했죠.

프랜시스는 오길비가 동생이라서가 아니라, 프랑스어 구사 능력과 요리 실력, 상류층을 상대할 수 있는 지성과 매너를 갖춘 사람이라 생각했기에 적극 추천했어요. 그의 생각은 적확했어요.

'아가 쿠커는 아무나 살 수 있는 물건이 아니야. 값도 엄청나게 비싼 데다 크기 때문에 조그만 부엌엔 들여놓지도 못해. 왕실이나 상류층 사람들만 살 여력이 있을 텐데, 아무리 돈이 많다 해도 어떻게 사용하는지도 모르는 낯선 제품을 덜컥 사들일 사람은 없을 거야. 일단 그들에게 영향력을 미칠 수 있는 중요한 사람에게 팔아야 해. 그러면 자연히 입소문이 나서 관심을 가지게 될 거야.'

곰곰이 생각한 끝에 오길비는 에든버러의 대주교를 찾아가 아가 쿠거를 파는 데 성공합니다. 아가 쿠커의 놀라운 성능에 반한

앤드루 토마스 맥도널드 대주교는 추천서까지 써주었어요. 덕분에 에든버러 교구에 있는 수녀원과 수도원, 학교와 병원은 오길비가 방문해서 추천서만 보여주면 자세히 설명하지 않아도 선뜻 아가 쿠커를 샀어요.

오길비의 놀라운 세일즈 기법은 여기서 끝나지 않았어요. 아가 쿠커를 더 많이 팔려면 사람들에게 장점을 직접 눈으로 볼 수 있게 해야 한다고 생각했어요. 무료 요리 강습을 하며 자연스럽게 아가 쿠커의 사용법을 알려주는 판촉 행사를 벌인 거예요. 오길비는 성실한 태도로 주부들에게 아가 쿠커를 설명하고, 요리사 경력을 활용해 화려한 음식들을 척척 만들어내며 아가 쿠커의 구체적인 활용법을 가르쳐 주었어요. 당시로서는 획기적인 판촉 행사였죠.

이렇게 4개월 동안 공들인 끝에 오길비는 초보 판매원에서 판매왕으로 등극했어요. 세일즈는 물건을 파는 게 목적이고, 물건을 팔려면 의미 없는 사탕발림의 미사여구보다는 사실을 간결하게 정리해서 알려주는 것이 더욱 효과적이라는 사실도 경험을 통해 배웠어요. 광고 카피를 쓸 때 어떤 방향으로 가야 하는지를 배운 거예요. 모든 것을 판매의 관점에서 보는 습관도 이때부터 터득하게 되었죠.

역사상 최고의 판매 교과서,
〈아가 쿠커 판매의 이론과 실제〉

판매왕이 된 오길비는 스코틀랜드 수석 판매 대리인으로 승진했어요. 판매 실적을 꾸준히 쌓은 덕분에 돈도 꽤 많이 벌었고요. 동료 세일즈맨들은 오길비를 부러워하며 비결을 알려달라고 졸라대곤 했어요. 그러던 어느 날 회사의 상사가 오길비에게 이런 제안을 했어요.

"데이비드, 자네는 타고난 세일즈맨이야. 그래서 말인데, 아가 쿠커를 어떻게 팔아야 하는지 비법을 글로 써주지 않겠나? 다른 세일즈맨들한테도 알려주고 싶으니 말일세."

"네, 열심히 해보겠습니다."

그래서 오길비는 1935년에 자신만의 판매 비결을 〈아가 쿠커 판매의 이론과 실제The Theory and Practice of Selling the AGA Cooker〉라는 32쪽짜리 팸플릿으로 만들었어요. 오길비는 이 팸플릿에 판매를 높이는 데 필요한 조언을 쏟아냈어요.

"더 많은 잠재 고객과 이야기하고, 판매하는 데 더 많은 공을 들인다면, 더 많은 주문을 받을 수 있을 것이다. 하지만 주문받은 양이 곧 판매의 품질이라고 생각하는 실수를 저질러서는 안 된다."

세일즈에 뛰어든 지 3년 밖에 되지 않은 새파란 젊은이가 이렇

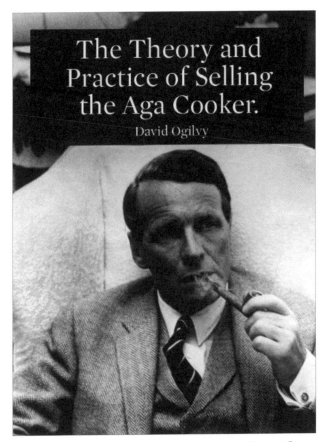

오길비를 광고의 세계로 이끌어 준 〈아가 쿠커 판매의 이론과 실제〉 팸플릿.

게 세일즈의 핵심을 꿰뚫어봤다는 게 정말 놀랍죠? 이 팸플릿은 지금으로 보자면 제품 판매용 브로슈어와 같아요. 그러니 오길비가 만든 최초의 광고 작품이라고 할 수도 있어요.

그로부터 30년이 지나, 미국의 경제전문지 〈포천〉은 그의 팸플릿을 역사상 최고의 판매 교과서이자 매뉴얼로 선정했어요. 제품을 많이 팔아야 한다는 것을 목표로 삼고 일하는 광고인의 싹이 그때부터 보이기 시작한 걸까요? 이 팸플릿은 오길비를 광고의 세계로 이끄는 결정적 계기를 만들어주었어요.

세일즈맨에서 광고회사 수습사원으로

최고의 세일즈맨으로 실력을 인정받았지만, 오길비는 방문 판매 일이 슬슬 지겨워지기 시작했어요. 3년 동안 주부들을 상대로 원 없이 아가 쿠커를 팔았지만 방문 판매가 평생 직업으로 보이지는 않았거든요. '뭔가 새로운 일이 없을까?' 이런 저런 생각을 하던 차에 프랜시스 형으로부터 전화가 왔어요.

"데이비드, 잘 지내고 있지? 회사에서 칭찬이 자자하던데."

"고마워요, 형. 그런데 일이 슬슬 지겨워지네요."

"매출도 쑥쑥 올라가는데 뭐가 걱정이야?"

"형, 이 일은 내가 평생 할 일은 못되는 거 같아요."

"그럼 우리 회사에 와서 광고를 해보는 건 어때? 어차피 판매를 해봤으니 광고가 어떤 일인지 잘 알 테고….."

"해보고는 싶지만 광고 경험이 없어서…."

"누군 처음부터 경험이 있나? 네가 만든 〈아가 쿠커 판매의 이론과 실제〉 팸플릿을 봤어. 그 정도로 훌륭한 카피를 쓸 수 있다면 광고 일에도 어느 정도 기본기를 갖췄다고 봐야지."

오길비는 이 팸플릿이 광고회사로 옮기는데 그토록 도움이 될지는 미처 알지 못했어요. 하지만, 영국의 대표적인 광고회사로 자리매김한 매더 앤 크라우더에서 성공가도를 달리던 프랜시스는 오길비가 쓴 팸플릿을 보고 깜짝 놀랐어요.

'아니, 이런 재능이 동생에게 있었다니!'

프랜시스가 상사에게 팸플릿을 보여주었더니, 오길비를 당장 채용하겠다고 말했어요. 요리사로, 세일즈맨으로 다양한 경력을 쌓아온 오길비에게 '광고'라는 새로운 세상이 문을 살짝 열어주었습니다. 스물네 살의 오길비는 새로운 세상으로 두려움과 망설임 없이 뛰어들었습니다.

2

"광고가
세상의 다른 어떤 것보다
흥미로운 일로 느껴지지 않는 한
광고인이 되지 마라"

오길비

마침내 발견한

나의 길, 광고

광고의 나라
미국으로

매더 앤 크라우더에 입사한 오길비는 광고의 세계에 빠져들어요. 형의 그늘에서 벗어나 광고에 대해 더 많은 것을 배우고 싶었던 오길비는 광고 선진국 미국으로 떠나지요. 하지만, 광고의 심장부인 뉴욕 매디슨 가에 입성하기까지 그는 여론 조사원, 외교관, 농부 등등 다양한 직업을 전전하며 무려 10년의 세월을 기다려야 했지요.

처음으로 맛본 성공의 기쁨

1935년, 오길비는 광고회사 매더 앤 크라우더에 AEAccount Executives. 광고 기획자 수습사원으로 입사했어요. 수습사원으로 입사하기엔 나이가 꽤 들었지만, 광고는 그에게 새로운 영역이었기에 그동안의 경력을 인정받지 못했어요. 그야말로 밑바닥에서부터 다시 시작한 거예요.

형 프랜시스는 케임브리지대학교에 장학생으로 입학해서 고전과 법을 공부했어요. 그리고 교사와 석유 사업가, 아마추어 배우등 다양한 직업을 거친 끝에 매더 앤 크라우더에 주급 5파운드를받고 카피라이터로 취직했어요. 그리고 실력을 높게 평가받아서 1937년 서른네 살의 젊은 나이에 전무이사로 승진하고, 나중엔 창립자 가족이 아닌 사람으로는 최초로 CEO 자리에까지 오르게 된답니다.

'잘난 형 때문에 회사에 들어온 낙하산 취급을 받지는 않겠어. 내 능력을 보여줘야지.'

오길비는 마음속 깊이 다짐하고 또 다짐했어요. 오길비에게 처음 맡겨진 일은 500달러짜리 광고였어요. 광고주*는 시골집을 개

---

* **광고주** 광고비를 내고 광고 기획을 의뢰하는 곳. 예를 들어 삼성전자는 제일기획에 광고를 의뢰하는 광고주입니다.

마침내 발견한 나의 길, 광고

조해서 만든 이름 없는 호텔로 손님을 끌어들일 방법을 찾기 위해 매더 앤 크라우더의 사장을 만나고 싶어 했어요. 그렇지만 고작 500달러짜리 고객한테 달려갈 광고회사 사장이 몇이나 되겠어요? 그래서 수습사원인 오길비를 보냈던 거죠. 오길비는 적은 예산으로 효과를 극대화할 방법을 골똘히 생각했어요. 아가 쿠커 방문 판매의 경험이 큰 도움을 주었어요.

'호텔을 찾을 만한 잠재 고객들에게 널리 알려야겠군. 맞다, 전화번호부가 있었지! 전화를 집에 놓고 살 정도라면 꽤 부유한 사람일 테니, 그들을 집중 공략하면 되겠군. 그런데, 아가 쿠커를 팔 때처럼 가가호호 방문할 수는 없는 일이고, 그럴 시간도 없어. 어떻게 하지?'

전화번호부의 명단을 손에 쥐고 곰곰이 생각에 잠긴 오길비의 눈에 들어온 건 전화번호 바로 옆에 쓰인 주소였어요.

'그래, 우편엽서로 알리면 되겠다!'

오길비는 그에게 주어진 500달러를 몽땅 엽서 사는 데 쏟아부었어요. 그리고 호텔 개장 안내문을 써서 전화번호부에서 추려낸 잠재 고객들에게 보냈지요. 6주가 지난 다음, 호텔이 문을 열었는데 첫날부터 만원사례를 기록했어요.

"나는 그때 처음으로 성공이란 걸 맛보았죠."

훗날 오길비는 이렇게 고백했어요. 이때 선택한 엽서 광고를 요즘은 '우편주문 광고'라고 해요. 우편주문 광고는 나중에 오길비가 광고회사를 차려 새로운 광고주를 영입할 때도 큰 도움이 되었어요. 광고주의 매출을 올려주는 동시에 광고회사도 단기간에 성공할 발판을 마련할 수 있는 방법이었으니까요.

형의 그늘에 머무르진 않을 거야

"도대체 이걸 기획서라고 쓴 거야?"

수십 년 뒤에 광고계의 전설이 된 오길비도 광고회사의 수습사원 시절엔 고단하기 짝이 없었어요. 오길비는 자신에게 주어진 첫 광고주인 얼라이드 아이언파운더스Allied Ironfounders의 마케팅 기획서를 썼을 때 상사로부터 심한 질책을 받았어요.

얼라이드 아이언파운더스가 어떤 회사였느냐면, 바로 얼마 전까지 오길비가 판매하던 아가 쿠커를 만드는 회사였답니다. 아가 쿠커에 대해 누구보다 잘 알고 있으니, 광고 기획도 최고로 해낼 수 있을 거라고 자신하던 오길비로서는 크게 자존심이 상했어요. 겨우 어찌어찌해서 기획서를 완성하고 프레젠테이션도 했지만 결과는 그리 좋지 않았어요.

오길비는 오븐과 렌지, 보일러, 스토브를 한꺼번에 결합한 혁신적인 주방기구인 아가 쿠커를 광고하기 위해 마네의 '풀밭 위의 점

오길비가 제작한 아가 쿠커 광고.

심 식사' 그림을 활용했어요. 이 그림도 처음 전시될 당시에 많은 사람의 관심을 불러 모은 혁신적인 그림이었으니까요. 그렇지만 오길비는 훗날 자신이 만든 첫 광고를 두고 "광고에 등장한 여인과 제품과의 상관성이 낮고 소비자의 시선을 제품이 아닌 그림으로 끌어들인다"며 잘못 만든 광고라고 냉담하게 평가했어요.

'여기서 인정받지 못하면 내 인생은 끝이야. 이젠 새로운 직업을 찾는 것도 지쳤어. 이를 악물고 열심히 노력하는 수밖에 없겠지? 정신 차리자!'

오길비는 광고에 대해 본격적으로 공부해야겠다고 결심했어요. 그러려면 영국보다 30년 앞서 간다는 미국의 광고에 대해 깊이 연구해야겠다고 생각했죠. 시카고 통신사에 신청해서 미국의 새 광고를 모두 받아 보았고, 좋은 광고라고 생각되면 일일이 스크랩해서 보고 또 보았답니다. 그리고 가장 일찍 출근해서 가장 늦게 퇴근하는 생활을 계속했어요. 다른 사람의 책상 위에 놓인 기획서 초안을 베껴보며 기획서 쓰는 법을 스스로 익혀 나갔어요. 열정적으로 일을 배웠고, 모든 것을 읽어 나갔죠. 마침내 입사한지 1년 만에 오길비는 제대로 된 광고 기획서를 쓸 수 있게 되었어요.

"어, 제법인데! 아이디어도 좋아."

주변의 칭찬을 들으며 오길비는 자신이 광고인으로서 타고난 자질이 있다는 것을 깨닫게 되었어요. 그동안의 방황을 마치고 광

마침내 발견한 나의 길, 광고

고를 자신의 천직으로 삼아야겠다고 생각했죠. 그래서 매일 새벽 3시가 넘도록 사무실을 지키며 일에 매달렸어요. 그 누구보다 열심히 일하고 재능 인정받아서 수습사원 딱지를 떼고 AE로 승진했어요. 광고라는 새로운 세상을 발견한 오길비는 점점 광고에 빠져들었죠. 아침에 눈뜰 때부터 새벽에 잠들 때까지 그의 모든 관심은 오로지 광고에 집중되었어요. 어느덧 그의 마음속에는 하나의 꿈이 자라기 시작했어요.

'아, 미국에 가고 싶다!'

매더 앤 크라우더에 입사하기 바로 한 해 전, 오길비는 여름휴가를 미국 몬태나 주에서 보냈어요. 세일즈맨 생활에 싫증나서 머리를 식힐 겸 몬태나 주 구석구석을 둘러본 오길비의 눈에 미국은 그야말로 '꿈의 나라'였어요. 그때 이미 미국은 '생산의 제국'이었죠. 시장에는 싼 물건이 넘쳤어요. 루즈벨트 대통령은 뉴딜 정책을 실시해 노동자에게 많은 일자리를 만들었어요. 일에 대한 보상으로 두툼한 월급을 손에 쥔 노동자들은 제품을 사는 소비자이기도 했지요. 새로운 물건들이 넘치고 살 사람도 많은데, 어떤 제품을 골라야 할지 헷갈릴 지경이었어요. 바로 광고가 절대적인 힘을 발휘하는 상황이었죠.

오길비는 미국 광고계를 동경하기 시작했어요. 더 이상 형의 그늘에 안주한다는 수근거림을 듣고 싶지 않았고, 기회의 땅 미국에서 큰돈을 벌고 싶은 마음도 컸기 때문이지요.

그 꿈을 이루기 위해, 오길비는 첨단 광고 기법을 배울 테니 뉴욕으로 보내달라고 형 프랜시스를 설득했어요.

꿈에 그리던 광고의 나라, 미국에 발을 내딛다

마침내 1938년, 그의 꿈은 이루어졌어요. 1년 연수과정으로 미국 뉴욕에 도착한 거예요. 오길비는 뉴저지에 있던 조지 갤럽George Gallup의 수용자조사연구소ARI, Audience Research Institute에서 1년 동안 사회조사 기법을 배우게 되었어요.

외가 쪽 사촌인 레베카 웨스트는 20세기 중반 영국에서 가장 영향력 있는 소설가이자 비평가였는데, 오길비가 미국으로 떠난다는 소식을 듣고 '울컷이란 사람을 만나 보라'면서 소개장을 써주었죠. 알렉산더 울컷은 뉴욕에서 가장 영향력 있는 드라마 비평가였고 뉴욕의 작가, 비평가, 배우 등 유명 인사들의 모임인 '앨콘퀸 라운드 테이블Algonquin Round Table'의 회장이었죠. 울컷은 옥스퍼드식 고급 영어를 구사하는 데다 훤칠하고 잘 생긴 오길비를 아주 마음에 들어 했어요.

울컷의 소개로 주말마다 오길비는 조지 코프만, 하포 마스, 에델 배리무어 같은 뉴욕 문화 예술계의 유명인사를 두루 만나 친분을 쌓게 되었죠. 그중에는 뉴욕 시장 피오렐로 라구아르디아도 있었습니다.

오길비가 늘 '광고의 스승'이라고 말했던 로서 리브스Rosser Reeves, 1910~1984도 이때 처음으로 만나게 됩니다. 뛰어난 카피라이터로 명성을 얻고 있던 로서 리브스는 영국에서 광고를 배우려고 뉴욕까지 찾아왔다는 잘생기고 열정적인 청년에게 자신이 아는 것을 아낌없이 가르쳐주었어요.

"뉴욕에 도착한 지 며칠 되지 않아 로서 리브스를 만났습니다. 우리는 일주일에 한 번씩 같이 점심을 먹었죠. 로서는 말하고 나는 들었지요. 그의 말은 제 인생을 바꿔 놓았습니다. 광고의 목적은 상품을 파는 것이라는 점을 가르쳐 주었고, 어떻게 해야 하는지 방법도 알려주었습니다."

직접 고객을 만나 물건을 팔아본 오길비로서는 판매를 위해 광고가 존재한다고 생각했어요. 그래서 광고 문안을 아름답게 다듬는 데 온 힘을 기울이는 매더 앤 크라우더의 카피라이터들을 보면서 의아하게 생각하곤 했죠. 로서 리브스를 만나고부터는 그 생각이 더욱 확고해졌습니다. 로서 리브스는 오길비에게 읽어보라며 아직 출간되지도 않은 원고를 하나 보여주었습니다. 클로드 홉킨스Claude C. Hopkins 1866~1932의 《과학적 광고Scientific Advertising》 원고였죠.

19세기 말부터 20세기 초까지 미국 광고계를 대표하는 스타 카피라이터였던 홉킨스는 독학으로 광고를 공부했어요. 홉킨스는 과학적 광고를 주창했는데 다양한 제작 및 조사 기법을 창안하고 확산시켰어요. 광고에서 선점전략*이 특히 중요하다고 주장했고 요. 오길비는 홉킨스의 저서가 자기 인생의 진로를 바꾸어 놓았다 고 말했어요. 영국 카피라이터들은 어떻게 하면 광고를 멋진 시 처럼 쓸 수 있을지 고민하느라 판매에는 관심도 없는데, 홉킨스는 소비자들에게 어떻게 효과적으로 상품을 팔 수 있을지 고민하면 서 다양한 기법들을 제시하고 있었거든요.

갤럽으로부터 과학적이고 체계적인 조사 기법을 배우고, 로서 리브스와 클로드 홉킨스로부터 광고의 목적은 판매에 있다는 자 신의 생각을 재확인한 오길비는 미국 광고의 중심지 뉴욕 매디슨 가에서 현대적이고 효율적인 광고 기법을 생생하게 체득했지요.

오길비는 형 프랜시스에게 일주일에 서너 통씩, 어떤 때는 하루 에 두 통씩 편지를 썼습니다. 깨알같이 작은 글씨로 쓴 편지는 적 어도 두세 장, 많을 때는 열네 장을 넘었는데, 미국의 광고에 대한 얘기로 가득 채워졌어요. 프랜시스도 광고에 대한 얘기로 가득 찬 답장을 보내곤 했죠.

---

* **선점전략(pre-emptive strategy)** 경쟁사와 기능적으로 별 차이가 없지만, 기능적 차이를 선점해서 자 신들이 원조임을 강조하는 전략.

마침내 발견한 나의 길, 광고

짧고 꿈 같은 뉴욕 생활 후 런던으로

오길비는 1년 동안의 연수를 마치고 다시 매더 앤 크라우더로 돌아와서, 미국에서 배운 내용을 바탕으로 영국 광고계의 문제점을 하나하나 지적하기 시작했죠. 광고의 원칙, 헤드라인 전략, 판매 촉진 기법 등 여러 면에서 잘못이 많다고 생각했거든요. 크레이티브 디렉터인 프랜시스 메넬 경과 싸우는 일도 잦았어요. 새파랗게 젊은 애송이가 자꾸 덤비는 것을 참다 못한 메넬 경은 전 직원 앞에서 토론을 해보자고 오길비에게 제안했습니다.

오길비는 '좋은 광고의 기본 법칙 32가지'를 일일이 열거하면서 "광고는 상품을 팔아야 합니다. 그리고 메넬 경의 광고에서 가장 나쁜 점은 판매 효과가 없다는 사실입니다."라고 낡은 영국식 광고를 공격했어요. 메넬 경은 패배를 인정했습니다. 공개토론에선 이겼지만, 오길비는 이제 떠날 때가 되었다고 생각했어요. 영국의 광고 환경의 답답함을 더 이상은 견딜 수 없었거든요. 결국 다시 미국으로 떠나기로 마음먹고 사표를 냈어요.

대학에서 중퇴한 지 17년. 그동안 친구들은 의사나 변호사, 또는 공무원과 정치가로 자리잡고 성장하고 있었죠. 오길비는 문득 자신이 어떤 뚜렷한 목적도 없이 이곳저곳 세계 각지를 떠돌며 방랑생활을 했다는 생각이 들었어요. 한심하다는 생각도 들었구요.

이제는 그동안의 방황에 종지부를 찍고 광고 하나로 우뚝 서고 싶다는 생각이 간절했어요.

또다시, 광고의 나라 미국으로

매더 앤 크라우더로 돌아온 그해, 오길비는 다시 미국행 배를 탔어요. 하지만 미국 뉴욕의 광고계는 그에게 아무 관심도 갖지 않았어요. 영국에서 건너온 이름도 모르는 젊은이일 뿐이었으니까요. 오길비는 만나는 사람들에게 명함을 건넸지만 싸늘한 시선만 돌아왔죠. 모두가 냉담했어요.

고민 끝에, 오길비는 당시 미국 광고계에서 가장 주목받는 광고 회사의 하나인 영 앤 루비컴Young & Rubicam의 문을 두드렸어요. 당시에 가장 잘나가던 광고인인 레이먼드 루비컴Raymond Rubicam, 1892-1978 사장을 존경했으니까요. 잔뜩 긴장하고서 면접에 임했지만 오길비는 금세 되돌아올 수밖에 없었죠.

"자신의 열정을 너무 과신하네요. 미국 광고회사의 경력이 없으니 신입인데, 그 나이에 광고를 시작할 수 있겠어요?"

돌아온 건 싸늘한 반응이었죠. "나이는 숫자에 불과하다"는 광고 카피도 있지만 현실에서는 이런 게 통하지 않는 경우가 많아요. 오길비도 자신이 일해보고 싶은 유일한 회사인 영 앤 루비컴에서 보기 좋게 퇴짜를 맞았어요. 다른 광고회사도 생각해보았지만 감히 입사원서를 낼 생각조차 하지 못했죠. 오길비는 점점 자신감이 사라졌어요. 다시 루비컴을 찾아가 자신의 열정과 가능성을 한 번 더 설명할까도 생각해보았지만, 그렇게 해도 자신을 채용해 줄 것 같지 않아 이마저도 포기했어요.

'스물여덟 살. 아무도 날 알아주지 않는데 나이만 먹고 있어. 대학 졸업장도 없는데.' 절박한 마음에 오길비는 뉴저지 주의 프린스턴으로 조지 갤럽George Gallup을 다시 찾아갑니다. 갤럽은 그에게 관심을 보이면서도 임금에 대해서는 단호했죠.

"주급은 40달러입니다."

"10달러만 더 주실 수 없나요?"

"…."

"네. 내일부터 출근하겠습니다."

급하게 일자리를 얻어야 하는 상황이라, 오길비는 취직된 것에 고마워하며 일을 시작했어요. 갤럽에서 그는 영화 산업의 현황을 조사하고 분석하는 일을 했어요. 입사 후 3년 동안 로스앤젤레스와 프린스턴 사무실을 오가며 467건의 보고서를 작성하면서 광고 조사의 중요성을 깨달았고, 미국인의 라이프스타일과 심리구조에 대해서도 깊이 이해하게 되었어요.

당시 조지 갤럽은 광고회사 영 앤 루비컴의 조사 책임자를 겸직

했는데, 오길비는 갤럽에게서 실사 분석*에 대해 집중적으로 배웠어요. 스스로도 조사에 무척 흥미를 느꼈고요. 오길비는 자신의 직관이나 감이 아닌 철저한 자료와 시장 조사를 바탕으로 과학적 분석을 한 다음에 광고 제작을 하는 것이 중요하다는 걸 깨달았어요.

비록 쥐꼬리만 한 주급을 받고 일했지만, 갤럽에서의 경험은 그의 광고 인생과 광고 철학 형성에 큰 영향을 미쳤어요.

생활이 안정되기 시작한 오길비는 버지니아 주에서 가장 부유한 명문가 출신으로 뉴욕 줄리어드 음대에 다니고 있던 멜린다 스트리트를 만나 사랑에 빠졌어요. 네 번 데이트하고는 약혼하고, 곧바로 결혼에 골인했지요. 둘 사이에선 오길비의 유일한 아들인 페어필드 오길비가 태어났어요.

그런데 재미있는 사실은, 오길비에게 미국 광고계의 선진 기법을 알려주었던 로서 리브스가 멜린다의 언니와 결혼했다는 사실이에요. 세상 참 좁죠? 리브스와 오길비는 동서 사이가 된 거예요.

---

* **실사 분석(facts analysis)** 사람들의 응답 결과를 분석하는 통계 기법.

갤럽 조사원 시절의 오길비.

오길비, 영국 정보 요원이 되다

　제2차 세계대전이 시작되고 미국도 참전하게 될 무렵인 1942년, 오길비는 갤럽을 떠납니다. 조사 업무도 배울 만큼 배웠다고 느끼던 터에 전쟁을 치르고 있는 조국을 위해 할 일을 찾고 싶었던 거예요. 공군으로 자원입대한 형 프랜시스처럼 오길비도 군대에 가고 싶었지만, 어릴 때부터 앓아온 천식 때문에 신체검사를 통과할 수 없었어요.

　그래서 오길비는 캠프 X에서 스파이 및 파괴 공작원 과정을 수강한 후에 워싱턴DC에 있는 영국대사관의 정보부에서 일을 하게 되었어요. 제2 사무관 자격으로 외교 및 정보보안 분석과 경제 분야의 업무를 맡았는데, 일반적인 외교 업무보다 첩보원 활동을 더 많이 했다고 하네요. 요리사, 세일즈맨, 여론조사 연구원을 거쳐 첩보원이라니, 정말 놀라운 변신이죠?

　첩보원으로서 그가 맡은 주요 임무는 007 같은 현장 요원이 아니라 영국의 국익에 영향을 미칠 수 있는 미국 여론을 조사하는 일, 미국 상품 통계자료 수집과 소책자 작성 같은 서류 작업이었지만요. 어떤 날은 80가지 이상의 보고서를 작성한 적도 있어요. 영국과 미국은 동맹 관계여서 서로 정보를 주고받았는데, 전쟁 말기 아이젠하워 장군이 이끄는 미군 심리전본부에서도 오길비의 보고서를 자주 채택했다고 합니다. 보고서가 과학적인 분석 결과를 바탕으로 체계적으로 작성되었기 때문이었어요.

무슨 일을 하든, 그 일을 통해 배운 것들을 스폰지처럼 쏙쏙 받아들여 능력을 키워온 오길비가 갤럽 조사원 시절 배운 분석 능력을 유감없이 발휘한 거죠. 오길비는 여기서도 새로운 것을 배웠어요. 보고서를 작성할 때는 간결하고 명료한 표현을 구사해야 한다는 점을 말이에요.

농사나 지어볼까?

1945년 드디어 제2차 세계대전이 끝났어요. 오길비의 문장력과 예리한 분석력, 창의성을 높게 샀던 상사는 사직을 만류했지만, 오길비는 계속 첩보원 생활을 하고 싶지 않았어요. 그렇다고 갤럽에 다시 돌아가고 싶지도 않았죠. 오길비는 무슨 일을 해야 할지 막막했어요. 문득 목가적인 농촌 마을에서 농부로 살아보면 어떨까 생각하게 되었죠. 갑자기 웬 농부냐고요?

오길비가 갤럽 조사원으로 한창 일하던 무렵 시카고행 기차를 타고 가다 창밖으로 지나가는 아미시들을 보았어요. 호기심이 발동한 오길비는 3주 뒤 그들을 찾아서 펜실베이니아 주 랭커스터로 갔죠. 부유하고 깔끔한 마을 분위기가 인상적이라, 오길비는

1943년 다시 그 마을을 찾아갔고 완전히 반해버렸어요. 오길비와 아내 멜린다는 그곳에 셋집을 마련하고 매주 주말이면 아들을 데리고 워싱턴을 떠나 랭커스터에서 지내곤 했어요.

1946년, 오길비는 얼마 되지 않는 재산을 탈탈 털어서 펜실베이니아 주 랭커스터 카운티에 있는 아미시 담배 농장 33헥타르를 2만 8117달러에 사들였어요. 그리고 그 외진 농장에서 3년간 잎담배 농사를 지었어요. 아니, 정확하게 말하자면 직접 농사를 지은 건 아니고, 사람을 고용해서 농사를 지은 거죠.

오길비는 아미시 사람들처럼 수염을 기르고 동네 사람들과 어울려 지냈어요. 화려한 도시 생활을 접고 전기도, 전화기도, 면도

여기서 잠깐

아미시Amish는요

아미시는 18세기에 스위스 등 유럽에서 종교박해를 피해 펜실베이니아로 건너온 메노나이트(Mennonite)파에 속하는 종교 공동체로, 교회 없이 신자 개인의 집에서 예배를 보며, 종교적인 이유로 세속적인 생활방식을 거부합니다. 이들은 오늘날까지도 18세기의 검은 모자나 검은 양복을 입는 등 그 시절의 생활방식을 고수하고 있지요. 지금도 전기, 전화, TV, 자동차 등을 사용하지 않는 사람이 많습니다.

약 23만 명에 이르는 아미시는 펜실베이니아의 랭커스터에서부터, 오하이오, 인디애나, 캐나다 등에 이르기까지 여러 지역에 거주하고 있는데, 각 공동체별로 생활 방식의 근대화 수준에 차이가 있습니다.

기도 없는 생활 방식에 젖어들었습니다. 하지만 얼마 지나지 않아 자신이 농부로는 어울리지 않는다는 사실을 깨달았어요. 육체 노동에 도통 관심이 없는지라 농사 일이 지루했고, 고칠 농기구는 쌓여가는데 한심한 기계치라 손댈 엄두도 못 내고, 키우는 소는 많지만 가축 관리도 너무 어려웠거든요.

'나에게 어울리는 건 뭐니 뭐니 해도 광고야.'

농사를 짓는 동안에도 이런 생각이 머릿속을 떠나지 않고 뱅뱅 맴돌았어요. 랭커스터 도서관에서 광고에 대한 자료나 책들을 보며 틈틈이 광고 공부를 했어요. 광고에 대한 관심의 끈을 놓지 않은 거죠. 심지어 아직 세상에 태어나지도 않은 자신의 광고회사를 그리며 광고주 명단을 작성할 정도로 자료들을 체계화했어요.

아무리 노력해도 재미없는 농사, 생각만 해도 가슴이 뛰는 광고. 이 사이에서 고민을 거듭한 끝에 오길비는 결론을 내렸어요.

'광고에 내 모든 것을 걸자.'

오길비는 1948년 3만 5000달러에 농장을 팔았습니다. 그리고 광고의 거리 매디슨 가로 되돌아옵니다.

마침내 내 이름을 건 광고회사를 차리다

먼 길을 돌아 마침내 입성한 뉴욕 매디슨 가 345번지. 여기서 오길비는 자신의 이름을 건 광고회사를 차립니다. 하지만 기쁨도 잠시, 미국인 사장과 갈등을 빚고 투자자도 떠나버린 무명의 회사에서 오길비는 살아남기 위해 스스로를 광고했어요. 차츰 조그만 회사들이 오길비에게 광고를 주기 시작하고, 그는 스타 광고인이 될 기회를 엿보지요.

마침내 발견한 나의 길, 광고

메디슨 가 345번지에 꽂은 조그만 깃발 하나

이 사람을 채용할 광고회사가 있을까요?

서른여덟 살 먹은 실업자입니다. 대학을 중퇴했습니다.
요리사, 세일즈맨, 외교관을 거쳐 농사도 지어봤습니다.
마케팅에 대해 아무것도 모르고, 카피는 써본 적이 없습니다.
광고가 재미있어서 업業으로 삼겠다고 결심했으며
연봉 5000달러를 희망합니다.

이 사람은 누굴까요? 바로 오길비였습니다. 미국에 발을 디딘 지 10년. 꿈의 나라에 와서도 광고계에 입문하지 못한 채 갤럽 조사 요원으로, 외교관으로, 농부로 길고 긴 시간을 보낸 후에 다시 뉴욕 광고계에 문을 두드렸지만, 어느 광고회사에서도 그를 채용하려 하지 않았습니다.

'아무도 나를 채용하지 않는다면, 차라리 내가 직접 광고회사를 차려야겠어.'

하지만, 오길비가 투자할 수 있는 돈이라곤 농장을 팔면서 챙긴 차익 6000달러 밖에 없었어요.

'어떻게 할까? 회사를 차리려면 이 정도 돈으론 어림없는데….

맞다! 형에게 썼던 편지가 있었지? 아직도 형은 내 제안을 기억하고 있을까?'

오길비가 뉴욕에 광고회사를 차리겠다고 생각한 건 이번이 처음은 아니었어요. 10년 전, 그러니까 매더 앤 크라우더에서 뉴욕으로 연수를 보내줬을 때 오길비는 미국에 진출한 영국 광고회사가 없다는 사실을 알게 되었어요. 그래서 형 프랜시스에게 편지로 미국에 매더 앤 크라우더 지사를 설립하자는 제안을 했습니다. 하지만 그 아이디어는 오길비가 매더 앤 크라우더를 나와 여러 직업을 전전하는 동안 잊혀진 채 먼지를 뒤집어쓰고 있었지요.

오길비는 프랜시스에게 뉴욕에 광고회사를 함께 차리자고 다시한 번 제안했습니다. 영국 최대의 광고회사인 S. H. 벤슨에도 똑같은 제안을 했습니다. 두 회사 모두 뉴욕에 광고회사를 차리는 일에 동의했지만, 대신 미국인 사장을 내세우라는 조건을 내걸었습니다. 오길비가 영국인이기 때문에 미국에서 사업을 하려면 미국인을 사장으로 내세우는 것이 유리하다는 생각에서 말이죠. 오길비는 화가 났지만 형편도 안 되고 해서 참을 수밖에 없었죠.

오길비는 그가 뉴욕에 처음 왔을 때 스승이자 멘토, 친구가 되어 미국 광고에 대해 가르쳐주었던 로서 리브스를 사장으로 추천했어요. 여러 차례 만나 설득했지만, 리브스는 오길비의 제안을 거절하지요. 스승이자 손윗동서에게 거절당하고 보니, 사장이 되

마침내 발견한 나의 길, 광고

어달라고 부탁할 만한 사람이 그리 많지 않았어요.

고민 끝에 오길비가 찾아낸 사람은 시카고에 있는 광고회사 JWT에서 AE로 일하던 앤더슨 휴잇Anderson, F. Hewitt이었습니다. 앤더슨 휴잇을 대표이사로 영입하고, 오길비 자신은 조사담당 부사장 겸 카피라이터 역할을 맡았어요.

앤더슨 휴잇 1만 4000달러, 오길비 6000달러, S. H. 벤슨 4만 달러, 매더 앤 크라우더 4만 달러 등 모두 10만 달러를 마련해서 주식회사를 설립하고 HOBMHewitt, Ogilvy, Benson & Mather이라는 이름을 붙였습니다. HOBM은 1948년 9월 1일, 미국 광고계의 심장부인 뉴욕 매디슨 가 345번지에 문을 열었습니다. 회사 이름에는 거창하게도 네 명의 주주 이름이 들어가 있지만 직원은 2명밖에 없는 작은 광고회사, 요즘의 속어로 말하자면 '듣보잡' 광고회사였죠. 뉴욕의 광고계 거물들은 당연히 오길비에게 아무런 관심이 없었어요. 불과 몇 년 뒤에 오길비도 그 거물들 중 한 사람이 되리라고는 아무도 생각을 못했어요.

오길비는 회사를 세운 다음 날, 가장 유치하고 싶은 5대 광고주 리스트를 작성했어요. 식품회사인 제너럴 푸드, 제약회사인 브리스톨 마이어스, 토마토 수프 통조림으로 유명한 캠벨, 비누 회사인 레버 브라더스, 그리고 석유화학 회사인 쉘. 이 다섯 개 회사는 광고회사들이 가장 탐내던 대형 광고주들이었으니, 모두 다 오길비를 보고 꿈이 너무 크다고 비웃었어요. 심지어 미쳤다고 비아냥 대는 사람도 있었죠. 하지만 결국 나중에는 이 다섯 개 회사의 광고를 죄다 따내고 말았어요.

그런데 이제 막 문을 연 신생 광고회사에 광고를 선뜻 의뢰할 회사가 어디 있겠어요? 5개월 동안 광고를 하나도 따내지 못하고 고민을 하던 차에 앤더슨 휴잇이 수천 개의 주유소를 소유한 선오일 광고와 체이스내셔널 은행 광고를 따왔어요. 하지만 선오일 같은 큰 광고주를 모셔왔는데도 재정 상태는 나아질 기미가 보이지 않았어요. 직원들에게 월급 줄 돈도 바닥이 난 상태여서 휴잇의 친척이자 JP 모건 회장인 월터 페이지에게 10만 달러를 대출받아 근근이 사무실을 유지해나갔어요.

하지만 더 큰 문제는 사장으로 모시고 일하던 앤더슨 휴잇과 사사건건 입장이 달라 자주 부딪혀 함께 일하기가 곤란해졌다는 점이었어요. 그래서 결국 오길비는 사표를 썼지요. 남은 유일한 길은 자신의 이름을 내건 광고회사를 만드는 것뿐이라고 생각했어요. 그렇지만 결국 회사를 떠난 건 오길비가 아닌 휴잇이었어요. 휴잇을 뺀 나머지 투자자들이 오길비를 선택했기 때문이었죠. 그 와중에 S. H. 벤슨도 떨어져 나갔어요.

이제 회사 이름은 '오길비 앤 매더Ogilvy & Mather'로 바뀌었죠. 재정적인 타격이 엄청났어요. 휴잇이 자신이 따온 선오일과 체이스내

매디슨 345번지 오길비의 사무실.

40대 어느 날의 오길비.

서널 은행 광고까지 챙겨서 떠났거든요. 광고주를 하나도 구하지 못했고, 오길비는 자기 몫의 월급을 한 푼도 못 가져가는 때가 많았죠. 하지만 오길비는 굳게 마음을 다지며 다시 시작하겠다고 마음먹었어요.

오길비, 나 자신을 광고하라

오길비는 이제 더 이상 기다릴 시간도, 돈도 없었어요. 머뭇거릴 수 없는 막다른 골목에 다다른 거예요. 그가 광고회사를 차렸을 때 미국의 광고업계는 경쟁이 너무 치열했어요. 경쟁할 광고회사가 무려 3000개가 넘었으니까요.

'어떻게 해야 광고주를 잡을 수 있을까? 얼른 무명에서 벗어나 광고주들의 눈에 띄어야 해. 그래! 우리 회사는 광고회사니까, 우선 나부터 광고해야겠어!' 오길비는 10여 개에 이르는 광고 관련 잡지의 기자들을 초대했어요. 기자들과 만나는 자리에서 그는 페티스 칼리지 시절에 암송했던 성경 구절을 인용했지요.

"시작은 미약하지만 그 끝은 창대하리라."

비록 바닥에서 시작하지만 곧 주목할 만한 광고회사를 만들겠다는 야망을 발표한 거죠.

"허풍이 좀 지나치시네요."

이렇게 말하며 밥만 먹고 일어서는 기자도 있었지만, 대부분의 기자들은 광고에 대한 열망만 가지고 뉴욕으로 온 영국인에 대해 호기심을 느꼈어요.

오길비는 자신의 존재감을 알리기 위해 광고 특강을 하기도 했어요. 아트 디렉터즈 클럽에서 했던 첫 번째 특강에서 오길비는 그동안 공부해 온 광고의 디자인에 대해 알고 있는 모든 것을 쏟아 부었어요. 그리고 강의를 들은 아트 디렉터들 모두에게 〈좋은 레이아웃을 위한 규칙 39가지〉라는 팸플릿을 나누어 주었어요. 이 39가지 규칙들은 아트 디렉터들에게 큰 호응을 얻었고, 지금까지도 매디슨 가에서 널리 회자되고 있어요.

"대학에서 가르치는 광고 강의는 형편없습니다. 다 아는 내용을 반복한 거라 새롭게 들을 내용이 거의 없어요."

이렇게 대학에서의 광고 강의를 비난하며 자격증을 발급하는 광고 대학 설립을 제안하고 1만 달러를 기증하기도 했어요. 또 연구원, PR 컨설턴트, 경영 엔지니어, 매체 세일즈맨 등등 대형 광고주들과 관련 있는 사람들과 두루 친분을 쌓았어요. 그들에게 '오길비 앤 매더'의 장점을 널리 알리고 싶었거든요. 여러 업종에 종사하는 잠재 고객 600명에게 정기적으로 업무 진행 보고서를 보내기도 했어요.

힘들고 번거로운 작업이었지만, 오길비는 자신의 존재감을 알리기 위해 이러저런 수고를 마다하지 않았죠. 이런 노력들이 서서히 쌓이면서 미국 광고 산업계에 오길비의 이름이 차츰차츰 부각되기 시작했어요. 광고계 기자들도 그에게 전화를 걸어와 광고에 대한 의견을 물었고, 그의 말을 인용해서 기사를 쓰기도 했어요.

"잠재 고객에게 업무 보고서를 보낼 때 큰 기대를 하지는 않았어요. 그런데 주류 회사인 시그램의 광고를 따낼 때, 담당자는 제가 보냈던 16장 짜리 보고서에서 마지막 두 문장을 읽고 우리와 계약을 하기로 결심했답니다."

이런 식으로 차츰 새로운 광고주가 오길비를 찾게 되면서 점점 자신의 영역을 만들어가기 시작했습니다.

오길비는 광고주라면 가리지 않고 받아들였어요. 찬물 더운물 가릴 겨를이 없었으니까요. 거북이 장난감, 특허 출원된 머리빗, 영국의 오토바이 같은 소액 광고주들이었는데, 회사 운영에는 별 도움이 되지 않았어요. 대형 광고주 하나 없이 많은 나날이 바람처럼 흘러갔어요. 하지만 오길비는 새벽부터 자정까지 일하면서 자신을 믿고 선택해준 광고주들을 위해 최선을 다했어요.

이 무렵 오길비는 1939년 광고인이 되겠다고 뉴욕에 왔을 때 그렇게 들어가고 싶어 했던 바로 그 회사, 영 앤 루비컴의 루비컴 사장에게 정신적으로 많이 의지했어요. 탁월한 카피라이터이자 현대 광고 산업의 기틀을 세운 광고인으로 존경받던 루비컴은 가끔 사무실에 들러 오길비가 만든 광고에 대해 자기 의견을 말해주곤 했어요. 루비컴이 광고를 이상하게 만들었다고 평하면 오길비는 쥐구멍을 찾아서라도 숨고 싶은 심정이었죠. 간혹 그가 좋은 아이디어라고 평하면 오길비는 뛸 듯이 기뻐했어요.

그런데 오길비에게 큰 영향을 끼쳤던 루비컴이 광고에 대해 가진 생각은 오길비와 달랐어요. 오길비는 광고에서 법칙을 중시했지만 루비컴은 광고에 규칙 같은 것이 필요 없다고 생각했어요. 거의 유일하게 남긴 말이 "평범한 것에 저항하라Resist the usual!" 정도였으니까요. 스승의 생각과 제자의 생각이 다르다는 점에서 아이러니로 볼 수 있지만, 광고계에는 늘 있는 일입니다.

드디어 찾아온 성공,
신화의 시작

이름 없는 셔츠 회사에서 들어온 저예산의 광고가 오길비의 인생을 뒤바꾸고, 광고의 역사를 새로 쓰게 만들어요. 안대를 한 남자를 내세운 해서웨이 셔츠 광고는 〈뉴요커〉에 실린 지 일주일 만에 셔츠 완판 기록을 세웁니다. 이제 오길비라는 이름이 현대 광고에서 빼놓을 수 없는 전설이 되는 순간이 온 거예요.

해서웨이 셔츠를 입은 남자

자신을 널리 알리며 매디슨 가에서 살아남으려고 고군분투하던 1951년의 어느 날, 오길비에게 좋은 광고를 만들 기회가 왔어요. 메인 주 워터빌에 있는 CF 해서웨이라는 작은 셔츠회사에서 광고를 만들어달라고 제안해왔어요. 앞에서 오길비가 잠재 고객 600명에게 정기적으로 업무 진행 보고서를 보냈다고 말했잖아요? 그중 하나가 CF 해서웨이 셔츠 회사였어요. 오길비가 작성한 업무진행 보고서를 보고 연락이 온 거죠. 그 회사는 한 번도 광고를 해본 적이 없는 회사였고, 광고 예산도 겨우 3만 달러밖에 없다고 했어요.

오길비는 며칠을 고민한 끝에 광고주에게 이렇게 제안했어요. "저는 광고 전문가입니다. 카피 한 줄, 비주얼 하나도 바꾸지 않겠다고 약속하신다면 광고 제작을 맡겠습니다."

당장 새로운 광고주가 필요한 상황이었지만 오길비는 좋은 광고를 만들어야겠다는 생각이 앞섰어요. 광고주가 돈을 낸다는 이유로 아이디어를 바꿔버리면 광고 창작자로서의 존재감은 없어지니까요. 끝까지 밀고 당기기를 한 셈이죠.

한참을 망설이던 CF 해서웨이 셔츠 회사의 앨러튼 제트 사장은 오길비의 제안에 동의했어요. "좋습니다. 우리 회사 광고로 당신이 큰돈을 벌진 못하겠지만, 내 약속하리다. 대행사는 절대 바꾸지 않을 것이고, 카피에도 손대지 않겠소."

오길비는 그날부터 거의 뜬 눈으로 밤을 지새웠죠.

'파격적인 뭔가가 있어야 해.'

'일단 주목을 끄는 색다른 장치가 있어야 해.'

'검은 안대를 한 중년 남자에게 하얀 와이셔츠를 입힌다면?'

이런저런 아이디어가 번개처럼 머릿속을 스쳐갔어요. 모든 아이디어를 다 광고로 만들면 좋겠지만 광고 예산이 한정되어 있기 때문에 그럴 수는 없었어요. 그래서 여러 아이디어 중에서 멋진 중년 남자에게 검은 안대를 씌워 신비감을 주는 모델 전략을 선택했어요. 광고 모델이 안대를 쓰고 있으면 일단 사람들이 호기심을 갖지 않겠어요? 나중에 다시 설명하겠지만, 오길비의 광고 철학인 '브랜드 이미지' 전략이 최초로 구체화된 순간이라고 할 수 있어요. 오길비는 카피도 직접 썼어요. 고민 끝에 이런 헤드라인이 나왔죠.

"해서웨이 셔츠를 입은 남자The man in the Hathaway shirt"

1951년 9월 22일, 오길비는 이 광고를 잡지 〈뉴요커〉에 광고비 3176달러를 내고 실었어요. 잡지에 광고를 내기 위해 지불하는 돈은 잡지 표지에 나가느냐 본문 사이 내지에 나가느냐에 따라, 또 광고의 크기에 따라 달라집니다. 이 광고는 잡지의 내지에 나

The man in the Hathaway shirt

AMERICAN MEN are beginning to realize that it is ridiculous to buy good suits and then spoil the effect by wearing an ordinary, mass-produced shirt. Hence the growing popularity of HATHAWAY shirts, which are in a class by themselves.

HATHAWAY shirts *wear* infinitely longer—a matter of years. They make you look younger and more distinguished, because of the subtle way HATHAWAY cut collars. The whole shirt is tailored more *generously*, and is therefore more *comfortable*. The tails are longer, and stay in your trousers. The buttons are mother-of-pearl. Even the stitching has an ante-bellum elegance about it.

Above all, HATHAWAY make their shirts of remarkable *fabrics*, collected from the four corners of the earth—Viyella and Aertex from England, woolen taffeta from Scotland, Sea Island cotton from the West Indies, hand-woven madras from India, broadcloth from Manchester, linen batiste from Paris, hand-blocked silks from England, exclusive cottons from the best weavers in America. You will get a great deal of quiet satisfaction out of wearing shirts which are in such impeccable taste.

HATHAWAY shirts are made by a small company of dedicated craftsmen in the little town of Waterville, Maine. They have been at it, man and boy, for one hundred and twenty years.

At better stores everywhere, or write C. F. HATHAWAY, Waterville, Maine, for the name of your nearest store. In New York, telephone OX 7-5566. Prices from $5.95 to $20.00.

해서웨이 셔츠 론칭 광고.

갔는데 당시에 뉴요커가 매우 인기 있는 잡지였기에 상당히 비싼 광고료를 내야만 했어요.

검은 안대를 쓴 모델의 이미지가 독특해서 보는 사람의 호기심을 자극하는 이 광고는 나가자마자 바로 반응이 나타났어요. 광고가 나간 지 1주일도 안 돼 셔츠가 다 팔려나갔고, 새 와이셔츠를 만드느라 야근을 계속해야 했을 정도니까요.

광고의 주요 타깃은 남편의 셔츠를 구입하는 중상류 가정의 주부였어요. 우리나라에서도 그렇듯이 남편의 옷은 주로 아내들이 사잖아요? 사실 남성용 드레스 셔츠는 원단이나 디자인에서 차별점을 부각시키기가 쉽지 않은 제품인데, 오길비는 광고를 통해 브랜드 이미지를 만들어내려 했고 결국 멋지게 성공했어요.

광고가 세계적으로 화제를 모았다는 것도 중요했지만, 그보다는 광고가 나간 지 1년 만에 셔츠의 매출이 300%나 증가했다는 사실이 더 놀라운 일이었습니다. 광고란 제품을 많이 팔기 위해 하는 것이니까요. 이 광고 하나 덕분에 116년 동안 무명에 가까운 상표였던 해서웨이 셔츠는 단숨에 국민 브랜드로 떠올랐어요.

매디슨 가의 떠오르는 스타, 오길비

당시의 광고 추세는 상품의 특성을 알리고 자랑하는 스타일이었죠. 그런데 오길비는 이 광고에서 상품 자체보다 상품을 쓰는 사람에 초점을 맞추는 변화를 시도한 것입니다.

이 광고는 곧바로 언론의 대대적인 주목을 받았어요. 〈라이프〉, 〈포천〉, 〈타임스〉 같은 언론 매체에서 해서웨이 셔츠 광고 자체를 다룬 기사가 많이 나왔으니까요.

예를 들어, 1952년에 〈타임스〉지에서는 이 광고가 태어난 배경을 상세히 설명하는 기사를 내보냈어요. "도대체 검은 안대를 한 사람이 누구냐?"는 독자들의 호기심을 풀어주려는 의도의 기사였어요. 낚시를 하다 한쪽 눈을 잃은 전 주영 미국대사 루이스 더글러스의 이미지가 떠올라 오길비가 이 광고의 아이디어로 활용했다는 식으로요.

나중에 '해서웨이맨Hathawayman'이라는 이름이 붙여진 광고 모델에 대해서도 여러 가지 설이 있어요. 우연히 만난 뉴욕의 부랑자 출신에게 오길비가 즉흥적으로 안대를 씌워 촬영했다는 소문이 돌기도 했어요. 하지만 품격 있는 제품 이미지에 걸맞게 백계 러시아 혈통의 게오르르 랑켈 남작을 모델로 채택했다는 것이 정설입니다.

지금도 마찬가지지만, 당시 사람들은 사실 여부에 관계없이 광고에서 전달하는 신비로운 스토리 자체를 재미있게 생각했던 것 같아요.

광고가 인기를 끌자 더불어 광고를 게재한 〈뉴요커〉의 구독률까지 동반상승했다는 사실은 유명한 일화입니다. 1950년대의 미국에서 〈뉴요커〉를 구독하는 독자들은 사회경제적인 위치가 비교적 높은 계층이었죠. 후속 광고도 대부분 〈뉴요커〉에만 나갔는데, 해서웨이 셔츠 광고는 〈뉴요커〉의 어떤 기사보다 인기를 끌었어요. 매주 해서웨이맨이 어떤 장면을 연출할 것인지 독자들이 궁금해 했다는 보도 기사도 있으니까요.

이 광고의 위력은 미국을 넘어 세계로 퍼져나갔어요. 세계 여러 나라에서 모방 광고들이 나왔는데, 덴마크 한 나라에서만 해도 7개의 모방 광고가 나온 것으로 알려지고 있어요.

해서웨이 셔츠의 안대 캠페인은 그 후 4년 동안 다양한 시리즈로 확장되고 변화하게 됩니다. 해서웨이맨은 책을 읽기도 하고, 친구들과 맥주를 마시기도 하고, 그림을 그리기도 하고, 악기를 연주하기도 했어요. 그렇지만 상황이 바뀌어도 언제나 안대를 쓴 채로 등장했어요. 소비자의 호기심을 유발해 신비주의를 극대화하겠다는 처음의 전략을 계속 유지했던 거죠.

1956년에 들어서는 아예 광고에 브랜드 이름이나 슬로건을 쓰지 않고 안대를 쓴 모델 사진만 광고의 소재로 활용했지만, 소비자들은 그 광고가 해서웨이 셔츠 광고라는 걸 금방 알아볼 정도가 되었어요. 마치 '손이 가요~ 손이 가~'라는 CM송의 첫 구절만 들

The Gun is a $2,000 Purdy from England
(The shirt: A Sea Island Oxford from Hathaway)

Hathaway introduces the first Sea Island Oxford

Hathaway suggests Batiste Madras for hot days

Hathaway revives the striped tartan

Hathaway and the Duke's stud groom

Hathaway reveals the truth about men who wear drip-dry shirts

해서웨이 셔츠 후속 광고.

어도 새우깡 광고라는 걸 금방 연상하듯이 말이죠.

해서웨이 셔츠 광고는 오길비의 광고 인생에서 중요한 두 가지의 의미가 있습니다. 첫째, 인생역전의 출발점이 된 이 광고로 인해 오길비는 광고에 대한 자신감을 갖고 광고의 역사상 영향력이 높은 광고들을 계속 만들게 된다는 점입니다. 둘째, 자신의 광고 철학인 브랜드 이미지에 대한 시험에 성공함으로써 이미지 광고에 대한 본격적인 확신을 갖게 되었다는 점입니다.

자고 일어났더니 유명해졌다는 말이 있어요. 오길비의 경우도 그런 셈이죠. 39세라는 늦은 나이에 동업으로 광고회사를 시작하고, 다시 자기 이름의 회사를 설립한 지 불과 2년 만에 대단한 성과를 냈으니까요. '올해의 신진 광고상'을 수상하며 오길비는 미국 광고계를 비롯한 세계 광고계의 주목을 한 몸에 받는 떠오르는 스타가 되었습니다.

"모든 광고는
브랜드 이미지 정립을 위한
장기적인 투자이다."

오길비

광고의
아버지가 되다

광고의 역사를
다시 쓰다

해서웨이 셔츠 광고로 빅 히트를 친 이후 오길비는 잇따라 획기적인 광고들을 내놓으며 뉴욕 매디슨가, 아니 전 세계에서 가장 창의적이고 뛰어난 광고인으로 자리매김하게 됩니다. 광고의 역사에 길이 남게 될 걸작들이 쏟아지지요. 오랜 시간을 갈고 닦은 오길비의 내공이 비로소 빛을 발하는 순간이었습니다.

미국 소비자의 마음을 사로잡은 미스터 슈웹스

해서웨이 셔츠 광고에서 성공을 맛본 오길비는 영국 탄산음료 슈웹스Schweppes를 미국에 소개할 때도 브랜드 이미지 전략을 그대로 적용했어요. 해서웨이 셔츠 캠페인에서 적용한 것처럼 제품 자체보다 그 제품을 쓰는 사람에 초점을 맞추고 그 사람의 스토리를 만들어 다른 제품들과는 다른 이미지를 심어주려고 시도했죠.

'영국에서는 슈웹스가 왕실을 비롯해서 상류층이 선호하는 탄산음료라는 사실을 잘 알고 있지. 하지만, 미국 사람들은 슈웹스에 대해 잘 몰라. 탄산음료라고 하면 입안에서 톡톡 터지는 강한 맛을 지닌 콜라나 사이다만 생각해. 슈웹스는 좀 더 부드럽고 세련된 고급 제품이라는 사실을 알려야 해.'

오길비는 슈웹스를 미국 대중에게 팔기 위해서는 뭔가 파격적인 것이 필요하다고 생각했어요. 고민 끝에 오길비는 암적색 수염을 근사하게 기른 미국 슈웹스 사장 에드워드 화이트헤드Edward Whitehead를 모델로 내세우면 좋겠다고 생각했어요.

첫 광고는 중산모를 쓰고 우산을 접어 든 화이트헤드가 슈웹스의 '비법'이 든 가방을 들고 영국 비행기에서 뉴욕에 내리는 장면을 담고 있어요.

"암적색 수염이 짙은 화이트헤드의 찌푸린 얼굴. 미국 대중들의 상상력을 사로잡다."

광고 전문지는 이런 제목으로 기사를 내보냈어요. 오길비는 이 광고가 성공했음을 직감했어요. 거리를 지나가던 사람들은 모두 '미스터 슈웹스'를 알아보았거든요. 심지어 화이트헤드가 헐리우드를 방문했을 때, 유명한 영화배우 게리 쿠퍼까지도 화이트헤드의 사인을 받아 갈 정도였으니까요.

하지만 이런 소비자들의 반응과 달리, 슈웹스의 판매량은 별로 늘지 않았어요. 안달이 난 광고주는 오길비에게 또 다른 광고를 만들라고 요구했어요.

"화이트헤드를 내세우지 말고, 고급 탄산음료 슈웹스를 단돈 15센트에 살 수 있다는 내용으로 다시 광고를 만들어주세요."

하지만, 오길비는 화이트헤드를 내세운 광고가 성공할 거라는 확신을 가지고 광고주를 설득했어요. 그리고 슈웹스 광고의 세세한 부분까지 직접 관여했지요. 폴로 경기에, 극장 무대 뒤에, 경마장에 등장하는 영국 신사의 모습으로 묘사된 '미스터 슈웹스'의 광고는 대중들에게 영국에서 온 고급 탄산음료의 이미지를 깊이 새겨넣는 데 성공했어요. 광고를 시작하고 여섯 달 동안 판매 물량이 600%나 증가한 거예요.

그 전에는 호텔과 바에서 슈웹스를 달라고 하면 "그게 뭔가요?"라는 냉담한 반응이 돌아왔지만, 이제는 다들 앞다투어 슈웹스를 들여놓기 시작했어요.

〈파이낸셜 타임스〉는 슈웹스 광고를 "시기와 장소를 불문하고 영국 상품 중 가장 성공한 광고"라고 보도했어요.

현대 광고의 표현 경향을 혁신적으로 바꾼 오길비의 브랜드 이미지 전략은 광고 작품에 숨어 있는 스토리 어필을 중시해요. 뭔가 신비롭게 스토리를 숨긴 듯 보이는 유명인을 모델로 써서 흥미를 끄는 동시에, 모델의 독특한 이미지를 브랜드에 투사하는 기법을 자주 사용했어요. 해서웨이 셔츠 광고에서 그랬듯이 슈웹스 광고에도 화이트헤드Whitehead 사장을 변함없이 등장시켰어요. 무려 18년 동안이나요. 그래서 화이트헤드를 상징적인 캐릭터로 승화시켰죠.

생각해보세요. 요즘 우리나라 광고를 보면 거의 매년 모델이 바뀌죠? 그래서 누가 어떤 브랜드의 광고를 했는지 잘 모를 때가 많아요. 그런데 오길비는 그 시절에 벌써 한 사람을 18년 동안이나 바꾸지 않고 모델로 활용했어요. 그래서 사람들은 화이트헤드만 보면 슈웹스를 떠올리고, 슈웹스라는 단어를 생각하면 화이트헤드를 생각했어요. 광고 모델이 브랜드 이미지를 정립하는 데 기여한다는 오길비의 철학이 있었기에 가능한 일이었죠.

The man from Schweppes is here

MEET Commander Edward Whitehead, Schweppesman Extraordinary from London, England, where the home of Schweppes has been a great institution since 1794.

Commander Whitehead has come to these United States to make sure that every drop of Schweppes Quinine Water bottled here has the original flavor which has long made Schweppes the only tonic for an authentic Gin and Tonic. He imparts the original Schweppes skills, and the secret of Schweppes unique carbonation is locked in his loyal chin. "Schweppervescence," says the Commander, "lasts the whole drink through."

A task Schweppes closes a hundred years in being the flavor of their Quinine Water to its present bittersweet perfection. But it will take you only three swizzle to mix it with ice and gin in a highball glass. Then, gentle reader, you will brim the day you tried these results.

P.S. If your favorite store or bar doesn't yet have Schweppes, drop a card to us and we'll make the proper arrangements. Address: Schweppes, 30 East 60th Street, New York City.

"Always keep the ice in your Rob Roys or well cocktail with Schweppes as the hit of class," counsels Commander Whitehead.

The President of Schweppes U. S. A. reveals his own secret recipe for making magnificent Tonic Drinks

A TONIC DRINK is the coolest drink in the world to make," says Commander Whitehead.

That's because the basic recipe is so simple. All you really need is Schweppes Tonic and liquor—gin, vodka, rum, you name it.

However, there are a few differences between a Tonic Drink that's great and one that's magnificent. Here are Commander Whitehead's own secret rules for the magnificent.

1. Use just a couple of ice cubes in your drink. More will only dilute the drink. (Some people keep their Schweppes in the refrigerator—and don't use any ice cubes at all.)

2. Put a Jigger of liquor in the glass —then add the Schweppes.

3. Pour Schweppes Tonic slowly, down the side of the glass. The Home of Schweppes in London has been working since 1794 to perfect Schweppervescence—little bubbles that always fizz your whole drink through. Don't squander that precious Schweppervescence by shaking your Schweppes on the rocks.

4. Don't stir. You don't have to. Schweppes Tonic mixes itself, stirs liquor, without a stir. Nothing, don't you agree?

The President of Schweppes (U.S.A.) Ltd., gently teaches a Schweppes Tonic to hostess.

"Never swizzle Schweppes Tonic," chides Commander Whitehead. "Schweppervescence swizzles itself."

ORDINARILY the Schweppesman wouldn't dream of stopping a beautiful girl from doing any silly thing she had a mind to.

But who could stand idly by and watch Schweppes Tonic being swizzled? It simply isn't necessary. Schweppervescence swizzles itself

—and always has done since 1794. "Examine this self-swizzling Schweppervescence in action," the Commander suggests. "Just add Schweppes Tonic to your gin, vodka, or rum. Notice the particular little bubbles swizzling, swizzling, swizzling—lacing the whole drink through. Take a sip. Curiously refreshing!"

So next time you're about to take a swizzle stick to your Schweppes—don't. Schweppervescence swizzles itself.

(And, who knows, the Commander himself may be lurking somewhere nearby.)

Across the scene, Schweppes becomes Bitter Lemon.

"We established a beachhead for Schweppes Bitter Lemon," says Commander Whitehead, "and then it Schwept the whole country."

THREE years ago we invaded New York with Schweppes Bitter Lemon," recalls Commander Whitehead, President of Schweppes (U.S.A.) Ltd.

"The gallant Broadway Brigade fought back bravely. The Madison Avenue Irregulars put up a stiff defense. But resistance began to crumble as soon as the first Schweppes Bitter Lemon was poured into a glass, over ice. After all, this was the first adult soft drink in the world.

"Then we launched a spirited attack with gin and Schweppes Bitter Lemon, supported by vodka and Schweppes Bitter Lemon. The battle was won! Running packets of resistance surrendered wholeheartedly to rum and Schweppes Bitter Lemon.

"Soon Schweppes Bitter Lemon had Schwept all America. Everywhere, people gave in to the tart, sophisticated taste that comes from using whole, fresh lemons, heightened with Schweppervescence."

P.S. From the Commander-in-Chief: "Celebrate the third anniversary of this Schweppesian victory. Drink a Schweppes Bitter Lemon today."

18년 동안 화이트헤드를 모델로 내세워 성공한 슈웹스의 다양한 광고들.

The Schweppesman rides again—this time with Bitter Orange.

Commander Whitehead first established beachhead with Schweppes Tonic. He then scattered your barricades with Schweppes Bitter Lemon. Now he advances upon you with Schweppes Bitter Orange.

You will find this a most amiable invasion. Schweppes Bitter Orange, like all Schweppes beverages, is absolutely loaded with Schweppervescence. You know, little

bubbles that last the whole drink through.

Schweppes Bitter Orange is made with whole fresh oranges including the peel.

It is a versatile mixer and a staunch refresher when taken alone. As is the case with Bitter Lemon, it is slightly bitter to the tongue.

But then, the British long ago discovered that victory is not always sweet.

In most areas, Schweppes is available in convenient no-deposit, no-return bottles.

Will you love Schweppes in December as you did in May?

ABOVE you see, not Nanook of the North and not the Abominable Snowman—but Commander Edward Whitehead, Ambassador from the House of Schweppes in London.

The Commander will tell you that this winter's most fashionable drink is Vodka-and-Tonic. (All the rage from

coast to coast.) And that no capable barman would try to mix an authentic Vodka-and-Tonic without Schweppes.

In one hundred years, nobody has found a substitute for Schweppes bittersweet flavor. A flavor that makes every Tonic drink (Vodka-and-Tonic, Gin-and-Tonic, Rum-and-Tonic)

taste so curiously refreshing.

And nobody has been able to copy Schweppervescence—those patrician little bubbles that last your whole drink through.

Make sure you get the original Schweppes when you ask for it. Taste as good in December as it did in May!

"You can <u>see</u> the lemon in Schweppes Bitter Lemon. That's because Schweppes uses whole, fresh lemons. Juice, pulp, peel, <u>everything</u>."

Schweppes is the original Bitter Lemon, invented in England in 1956.

So says Commander Whitehead, President of Schweppes (USA) Ltd.

"Schweppes invented Bitter Lemon," he continues. "It was our first new product in one hundred years, and we did not stint."

Schweppes uses whole, fresh lemons in making Bitter Lemon. Juice,

pulp, peel, everything. Thus its tart, grown-up taste.

"Schweppes Bitter Lemon is the first adult soft drink," declares the Schweppesman, "the only one you can order without feeling like a jake!"

There are at least two more uses for Schweppes Bitter Lemon. It is an

unobtrusive way to sit out a round or two. It is also the most versatile new mixer since Schweppes Tonic itself.

No matter how you use Bitter Lemon, always turn the bottle upside down before you open it.

That way, everyone gets his fair share of lemon morsels.

Unloading Schweppes elixir on Pier 92

ABOVE YOU SEE Commander Edward Whitehead, President of Schweppes U.S.A., welcoming still another cargo of Schweppes elixir to America.

The Commander imports this precious essence from England, to make sure that every drop of Schweppes Tonic bottled in America has the orig-

inal flavor. This curiously refreshing flavor that has made Schweppes famous all over the world as the authentic Gin-and-Tonic mixer.

Says Commander Whitehead: "It took the House of Schweppes more than a century to bring Schweppes Tonic to its bittersweet perfection. And to develop Schweppervescence—

patrician little bubbles that always last your whole drink through."

But it will take you only seconds to mix Gin or Vodka with Schweppes and enjoy the delicious results.

P.S. Add this new drink to your Schweppertory: a jigger of Dry Vermouth over ice and Schweppes Tonic. Tastes almost like champagne!

The ship you see is the Carinthia, Cunard Steam-Ship Company Limited

소비자는 멍청하지 않다고!

오길비는 도브Dove 비누 광고를 통해서 다시 한 번 사람들의 주목을 받았어요. 도브 비누가 전세계적인 브랜드로 성장한 것은 오길비가 만든 광고 덕분이라고 해도 과언이 아니죠.

오길비를 찾아온 광고주는 출시되지도 않은 신제품에 대해 자랑했어요.

"도브는 그냥 비누가 아닙니다. 최초의 '미용 비누'입니다. 산성도, 알칼리성도 아닌, 피부에 좋은 중성 비누입니다. 대단한 뉴스죠? 바로 이걸 광고해주세요."

광고를 맡은 오길비는 그날 저녁 바로 주부 몇 명을 만나 도브에 대해 설명했어요. 하지만 주부들은 '중성' 비누라는 말에 별로 관심을 갖지 않았어요.

오길비는 광고주에게 그 사실을 알리고, 도브 비누의 제조법에 대해 자세히 알려달라고 요청했어요. 연구원이 보내준 기나긴 보고서를 읽다가, 오길비는 도브의 성분 중 무려 1/4이 보습성분으로 되어 있다는 사실을 발견했어요. 그렇지만 이 내용을 그대로 광고 헤드라인으로 싣지 않고 이 제품을 쓰면 어떻게 될지, 소비자가 얻게 될 장점과 만족감을 강조했어요. 생산자가 아닌, 소비자의 입장에서 카피를 쓴 거예요.

Darling, I'm having the most extraordinary experience...

I'm head over heels in DOVE!

No, darling—DOVE. D—like in *delicious*. I told you, sweet. I'm in the tub. Taking a bath. A DOVE bath—my very first.

And what a positively gorgeous time I'm having! It's just as if I'd *never really* bathed before!

No, dear, it isn't a *soap*. Soap was never like this! So wickedly *creamy*. That man on TV said that DOVE is one-quarter cleansing cream—that it *creams* my skin while I bathe—and now I really *believe* him.

Why, DOVE even *smells* creamy. Such a lovely, lush, *expensive* smell!

Remember "The Great Ziegfeld," dear? How Anna Held bathed in milk? And Cleopatra—one hundred mares or something *milked* every day for her bath?

Well, darling, I'm all over *cream*. Just imagine, cream tip to toe. Arms. Legs. *All* of me! And *clean!* Simply *smothered* in suds. Oodles of suds! Oceans of. I don't know what I ever did to *deserve* DOVE!

And you know how soap leaves your skin so *dry?* That nasty stretched feeling? Well, DOVE makes me feel all velvet and silk, all *soft and smooth*. Just the most pampered, most spoiled, *girliest* girl in the world.

Darling, I'm *purring*.

And did I tell you DOVE is sort of *me-shaped?* That it's curved to fit my hand, so it doesn't keep slithering away in the tub? Soap is soap, but a bath with DOVE *is heaven!*

And just think, darling—tomorrow night, I can do it again.

NOTE TO EAVESDROPPERS

You can buy the remarkable new bath and toilet bar called DOVE today. DOVE is a completely new formula. DOVE makes rich lather in hardest water. DOVE leaves no bathtub ring. Lever Brothers guarantee that DOVE is better for *your face, your hands, all of you*, than regular toilet soap. If you don't agree, we'll return every penny you paid.

DOVE creams your skin while you bathe

도브 비누 광고.

"비누는 당신의 피부를 건조하게 해도,

도브는 피부를 건조하게 하지 않아요."

오길비는 1955년에 쓴 이 카피를 자신이 쓴 카피 중에서 걸작으로 꼽았어요. 도브 비누를 생산하는 유니레버Unilever에서는 이 카피를 아직도 활용하고 있을 정도입니다. 도브를 유명하게 만든 이 카피는 보는 관점에 따라 헤드라인이 진부하다고 볼 수도 있어요. 오길비도 그런 평가에 대해 수긍한 적이 있어요. 그렇지만 '소비자는 멍청하지 않다. 소비자는 바로 당신 부인이다. 그녀는 현명하다'는 믿음을 가지고, 생각대로 밀고 나갔어요. 결국 오길비는 도브가 지닌 장점을 발견하고, 이 특성을 소비자가 공감할 수 있는 카피로 표현으로써 여성들의 마음을 사로잡았어요.

"자기야, 나 지금 엄청 특별한 경험을 하고 있어!"

도브를 최고의 비누 자리에 오르게 한 광고입니다. 이 광고를 본 여성들이 실제로 광고에 나오는 장면처럼 목욕탕에서 남편이나 애인에게 전화를 하는 경우도 많았다고 하네요. 오길비는 이 광고를 만들며 '비주얼 메시지가 카피보다 더 중요하다'는 생각을 하게 됩니다.

도브 광고는 오길비가 광고를 만들 때 어떤 점을 중요하게 생각하는지, 어떤 과정을 거치는지를 보여줍니다. 광고할 제품의 특징을 잘 알기 위해서 제품에 대해 꼼꼼히 공부하고, 어떤 점을 강조할 것인지 파악하지요. 또 소비자들의 생각과 반응을 조사합니다. 그 결과를 바탕으로 광고를 만들지만, 그렇다고 사실을 그대로 설명하는 데만 치중하진 않았어요. 이미지를 전달하는 메시지도 창의적으로 만들어서 소비자들에게 깊은 인상을 심어주었죠.

20세기 광고의 고전이 된 롤스로이스 광고

오길비는 광고에 제품의 핵심 가치를 담기 위해 밤늦게까지 고민했어요. 경쟁사들이 어떻게 광고했는지 샅샅이 조사하고, 자신이 광고할 제품에 대해 완벽할 정도로 연구하고 분석했어요. 그 모든 과정을 끝낸 다음에 비로소 카피를 쓰기 시작했어요.

늘 수습사원 시절을 생각하며, 아침 일찍부터 밤늦은 시간까지 자신의 모든 열정을 불살랐어요. 주말에도 거의 쉬지 않았어요. 심지어 퇴근할 때도 서류 가방 세 개에 일거리를 가득 채운 다음 낑낑거리며 집으로 돌아갔어요.

그렇게 일에 몰두하는 동안 아내 멜린다와의 사이는 점점 멀어져서 결국 두 사람은 아들 페어필드가 열여섯 살이 되던 1955년,

이혼하고 말았어요. 오길비는 앤 플린트 캐벗과 재혼하지만, 그 결혼도 밤마다 일을 집으로 가져오는 바람에 깨지고 말았어요.

가정의 행복과 맞바꿀 정도로 광고에 헌신했던 오길비의 열정은 1960년에 만든 롤스로이스Rolls-Royce 자동차 광고에서 절정을 맞이합니다. '오길비'라는 이름의 광고 꽃이 핀 거죠.

"시속 60마일로 가는 신형 롤스로이스 안에서
가장 큰 소음은 전자시계 소리 뿐."

롤스로이스 차량을 촬영한 사진 아래에는 제법 긴 카피가 등장합니다. 긴 헤드라인과 함께 자동차의 장점 13가지를 나열한 기나긴 보디카피를 담고 있는 이 광고는 당시로서는 상상도 할 수 없는 파격이었어요. 누가 봐도 롤스로이드의 자동차가 빠르고 조용하다는 점을 느끼도록 했어요.

롤스로이스 광고 '시속 60마일' 편은 전 세계의 광고 교과서에 인용될 만큼 현대 광고의 고전이 되었어요. 그런데 이 광고는 두 개의 신문과 두 개의 잡지에 실렸지만, 더 이상 나오지 않았어요.

"롤스로이스가 너무 많이 팔리는 바람에 광고를 다시 실을 수 없었습니다. 주문 생산하는 차라, 광고주의 생산량이 그리 많지 않았기 때문입니다."

"At 60 miles an hour the loudest noise in this new Rolls-Royce comes from the electric clock"

What __makes__ Rolls-Royce the best car in the world? "There is really no magic about it— it is merely patient attention to detail," says an eminent Rolls-Royce engineer.

1. "At 60 miles an hour the loudest noise comes from the electric clock," reports the Technical Editor of THE MOTOR. Three mufflers tune out sound frequencies—acoustically.

2. Every Rolls-Royce engine is run for seven hours at full throttle before installation, and each car is test-driven for hundreds of miles over varying road surfaces.

3. The Rolls-Royce is designed as an *owner-driven* car. It is eighteen inches shorter than the largest domestic cars.

4. The car has power steering, power brakes and automatic gear-shift. It is very easy to drive and to park. No chauffeur required.

5. The finished car spends a week in the final test-shop, being fine-tuned. Here it is subjected to 98 separate ordeals. For example, the engineers use a *stethoscope* to listen for axle-whine.

6. The Rolls-Royce is guaranteed for three years. With a new network of dealers and parts-depots from Coast to Coast, service is no problem.

7. The Rolls-Royce radiator has never changed, except that when Sir Henry Royce died in 1933 the monogram RR was changed from red to black.

8. The coachwork is given five coats of primer paint, and hand rubbed between each coat, before *nine* coats of finishing paint go on.

9. By moving a switch on the steering column, you can adjust the shock-absorbers to suit road conditions.

10. A picnic table, veneered in French walnut, slides out from under the dash. Two more swing out behind the front seats.

11. You can get such optional extras as an Espresso coffee-making machine, a dictating machine, a bed, hot and cold water for washing, an electric razor or a telephone.

12. There are three separate systems of power brakes, two hydraulic and one mechanical. Damage to one will not affect the others. The Rolls-Royce is a very *safe* car—and also a very *lively* car. It cruises serenely at eighty-five. Top speed is in excess of 100 m.p.h.

13. The Bentley is made by Rolls-Royce. Except for the radiators, they are identical motor cars, manufactured by the same engineers in the same works. People who feel diffident about driving a Rolls-Royce can buy a Bentley.

PRICE. The Rolls-Royce illustrated in this advertisement—f.o.b. principal ports of entry—costs **$13,995**.

If you would like the rewarding experience of driving a Rolls-Royce or Bentley, write or telephone to one of the dealers listed on opposite page. Rolls-Royce Inc., 10 Rockefeller Plaza, New York 20, N. Y. CIrcle 5-1144.

롤스로이스 광고 '시속 60마일' 편.

오길비는 이 광고를 만들기 위해서 우선 자동차에 대한 모든 것을 알아야겠다고 생각했어요. 자동차에 대한 책과 브로슈어를 다 읽고 나서 엔지니어들과 이야기를 나누는 데만 3주를 보냈어요. 그러고 나서 헤드라인을 쓰기 시작했어요

"나는 이 롤스로이스 카피를 쓸 때 26가지의 각각 다른 헤드라인을 썼습니다. 그리고 우리 회사의 카피라이터 6명에게 면밀히 검토한 다음 가장 좋은 것을 고르라고 했죠. 그다음에 3500단어에 이르는 보디카피를 썼어요. 다시 한 번 서너 명의 다른 카피라이터에게 카피를 넘겨서 지루하고 모호한 부분을 제거하도록 하여 내용을 줄여나갔습니다."

오길비는 언제나 광고주의 상품을 애용한 사람으로 유명합니다. 롤스로이스 광고를 맡은 직후부터 오길비가 롤스로이스를 사고 싶어 한 건 당연한 일이죠. 하지만 회사의 회계 책임자는 차 값이 너무 비싸다는 이유로 오길비의 요청을 냉정하게 거절했어요. 그러자 오길비는 회계 책임자가 휴가를 떠난 틈을 이용해 기어이 롤스로이스 중고차를 사고야 맙니다. 새 차는 너무 비싸서 구입할 엄두를 내지 못한 거예요. 자신이 직접 제품을 경험해보고 광고를 만든 오길비의 성격이 잘 나타난 일화입니다.

1950년대 후반의 광고계는 광고인의 감각과 직관에 의지해 상품의 장점을 설명하는 광고가 많았어요. 오길비는 그래서는 안 된

다고 생각했어요. 지금까지와 다르게 접근하지 않으면 자신이 광고를 할 필요가 없다는 생각까지 하게 됩니다.

갤럽의 조사원 출신인 오길비는 소비자 심리를 철저히 분석한 과학적 조사 결과를 바탕으로 아이디어를 냈어요. 또 다른 광고 기획자들이 제품의 장점을 장황하게 설명하는 광고를 만들 때, 오길비는 강렬한 시각적 이미지를 써서 핵심적인 내용만 전달하는 카피를 썼어요. 당시로서는 파격적이었죠.

오길비는 자신의 생각을 끊임없이 말하면서 직원들에게도 그것을 철저히 지켜야 한다고 강조했어요. 직원 한 사람 한 사람이 회사를 대표한다고 생각했거든요.

'우리 회사에 직원이 497명이 있다고 생각해보자. 각자들 친구가 100명 정도는 있겠지? 내가 직원들한테 우리 회사가 무슨 일을 하고 무엇을 추구하는지 자세히 설명해주면, 직원들은 각각의 친구에게 이 얘기를 할 거야. 그렇다면 우리 회사를 응원하는 사람이 무려 4만 9700명에 이르게 될 거야.'

무조건 팔아라! 오길비의 광고들

"무조건 팔아라!" 이 말은 오길비의 명언입니다. 그는 다양한 광고주들의 제품이나 브랜드를 맡아 역사에 남는 창의적인 광고들을 만들었어요. 1965년에 〈포천〉은 "데이비드 오길비, 그는 천재인가?"라는 질문을 던지고 그럴지도 모른다고 결론을 내렸어요. 그때 오길비는 기사 제목에 물음표를 단 것에 대해 소송을 제기하려고 했다며 떠들고 다녀, 경쟁자들의 입방아에 오르기도 했죠. 〈타임스〉지는 오길비를 "제일 잘나가는 광고계의 귀재"라며 오길비의 성공을 기사로 다루기도 했어요. 오길비가 해서웨이 셔츠, 슈웹스, 도브 비누, 롤스로이스 자동차 광고 외에 어떤 광고들을 만들었는지 간략히 살펴볼까요?

●기네스 맥주 광고

기네스 맥주 광고는 오길비가 서른아홉 살 광고회사를 차린 후 처음 만든 광고입니다. 굴과 함께 맥주를 마시면 얼마나 좋은지 비주얼과 카피를 조화시켜 잘 설명하고 있어요. 맥주잔의 거품에 그려 넣은 미소 띤 얼굴 좀 보세요.

●페퍼리지 팜 광고

오길비는 페퍼리지 팜 광고를 만들 때 늙
은 빵 장수가 시골길을 따라 마차를 타
고 가는 꿈을 꾸고 나서, 그 잔상을 그대
로 활용했어요. 마차에 페퍼리지 팜 로고
를 붙여서요. 25년이 지난 후에도 페퍼리지 팜 광고에는 그 말과 마차가 그대
로 등장합니다.

●푸에르토리코 관광 광고

여자가 남자처럼 술을 마실 수 있다는 생각은
미국의 청교도주의를 모독하는 것으로 여겨서
금기시 되어왔어요. 오길비의 푸에르토리코 관
광 광고에서는 여자가 남자와 함께 술을 마시
고 있네요. 오길비는 금기를 깬 최초의 광고인
이었습니다.

●스튜벤 글라스 광고

스튜벤 글라스 회사에서는 광고를 의뢰
하며 오길비에게 이렇게 부탁했어요. "우
리는 최고의 글라스를 만듭니다. 당신이
할 일은 최고의 광고를 만드는 것입니
다." 오길비는 이 말을 명심하여 평생 최고의 광고를 만들려고 노력했어요.

●캠벨 수프 광고

오길비는 늘 광고에 뉴스를 담으려고 노력했어요. 뉴스를 담고 있는 광고를 기억하는 비율이 그렇지 않은 광고에 비해 22%나 높다고 생각했으니까요. 캠벨 수프 광고에서는 얼음에 타서 먹는 수프도 있다는 사실을 알리고 있습니다.

●린소 광고

오길비는 린소 얼룩제거 세제 광고에서 기름 자국, 핏자국, 커피 자국 등 12가지를 보여주었는데, 두 번째의 핏자국은 오길비가 흘린 코피였어요. 그런데도 광고를 잘못했다고 많이 후회했죠. 린소가 더 하얗게 세탁해준다는 점을 제대로 전달하지 못했다는 것이죠.

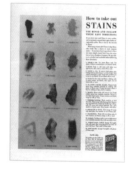

●시어스 백화점 광고

오길비는 시어스 백화점 광고에서 구체적인 사실을 제시하는 일반적인 내용보다 '신뢰할 수 있다'는 점을 알려주었어요. 시어스 백화점의 이윤이 5% 이하라고 구체적으로 표현해서 효과를 봤으니까요.

● 지포 라이터 광고

오길비는 신문 편집 형태의 레이아웃과 이야기
형식을 좋아했어요. 만약 지포 라이터가 고장난
다면 공짜로 라이터를 고쳐주겠다고 신문기사
형태로 광고했더니, 매일 아침 수백 개의 고장
난 라이터가 우편으로 도착했어요. 스토리텔링
광고의 초기 형태라고 할 수 있어요.

● KLM항공 광고

가로로 길고 세로는 짧아서 상단을 채운 사진,
20단어 이내로 정리한 헤드라인, 28단어로 된
짧막한 서브 헤드라인, 그리고 지면을 꽉 채우는
600단어의 보디카피로 된 이 광고의 레이아웃
을 오길비는 완벽에 가깝다고 생각했어요. 일러
스트레이션보다 카피가 더 중요할 때 추천하는
레이아웃이었죠.

● 신문 1면처럼 보이는 기네스 맥주 광고

오길비는 신문 기사형의 광고를 종종 활용했어
요. 그는 기네스 맥주의 론칭 광고를 마치 신문
의 1면 기사처럼 보이게 만들어 큰 효과를 보았
어요.

● 체이스 내셔널 은행 광고

오길비는 지하철 승객이 평균 21분 동안 광고에 노출되어 있고, 승객의 85%가 아무런 읽을 거리 없이 지하철을 탄다는 사실에 주목해 체이스 내셔널 은행 광고를 만들었어요. 76단어나 되는 긴 카피는 무료한 지하철 승객들에게 효과적인 광고였죠. 물론, 스마트폰이 없었던 시대의 이야기지만요.

How to pay bills quickly, easily

If you still pay bills with cash, you waste hours running around town and standing in line. And you run the risk of losing large sums or meeting a thief. Be smart—open a Special Checking Account at Chase, and pay your bills by mail. A check is permanent proof of payment. You can start your Chase account today. No minimum balance required. No deposit charges.

The CHASE National Bank
(MEMBER FEDERAL DEPOSIT INSURANCE CORP.)

● 쉘 석유 광고

오길비는 어떤 분야의 전문가가 등장해 제품이나 브랜드의 품질을 보증하는 '전문가 보증형endorsement' 광고가 효과적이라고 생각했어요. 그래서 쉘 광고를 만들 때 기름에 대해 잘 아는 엔지니어를 광고 모델로 활용했죠.

●오길비 앤 매더를 알리는 자체 광고

오길비는 광고회사도 사람들에게 널리 알려야 한다고 생각했어요. 광고회사를 홍보하는 광고를 해야 한다고 믿었던 거죠. 오길비는 여러 시리즈 광고들을 통해 잠재적인 광고주들에게 자기 회사의 전문성을 널리 알릴 수 있었어요.

나는 남들과 달라, 난 오길비거든

오길비는 기존의 광고업계와는 달리 매우 독창적인 광고들을 선보였어요. 여론조사를 바탕으로 광고물을 제작했고, 브랜드 이미지를 중시한 여러 광고를 선보임으로써 현대 광고를 비약적으로 발전시켰어요. 해서웨이 셔츠 광고가 엄청난 성공을 거두고 2년이 지난 1953년에 이르러 오길비 앤 매더는 미국의 광고회사 순위에서 58위라는 주목할 만한 위치에 진입했어요.

광고주들에게 믿음을 주어라

해서웨이 셔츠 광고가 성공한 이후 광고주들의 신뢰를 얻으면서 오길비는 롤스로이스 같은 유명한 회사의 광고를 맡게 되었고, 1953년에는 18개 회사의 광고를 맡게 되었습니다. 맥스웰하우스Maxwell House, 제너럴 푸드General Foods, 아메리칸 익스프레스American Express, 시어스Sears, 레버 브라더스Lever Brothers, 셸Shell 같은 큰 회사들이 차례로 오길비에게 광고를 맡기게 되었지요.

오길비는 광고주들이 새로운 광고회사를 선정하기 위해 요청하는 경쟁 프레젠테이션을 반드시 자신이 해야 한다고 생각했어요. 미국인들에게는 낯선 영국인의 억양으로 프레젠테이션을 한다는 게 늘 부담스러웠지만, 오길비는 프레젠테이션을 잘하기 위해 어느 누구보다 더 많은 밤을 새우며 고심했어요. 갤럽에서 배운 소비자 조사 방법을 바탕으로 각종 통계자료를 제시하며 논리적으로 설득하려고 했고, 차트 판요즘으로 말하면 파워포인트의 셀을 하나씩 넘기며 단어 하나도 놓치지 않고 청중의 시각과 청각을 모으려고 했어요.

"오길비 씨! 당신이 제시한 광고의 통계학적 접근은 매우 유치하네요."

슈웹스 광고 책임자였던 프레데릭 후퍼 경 같은 사람은 오길비의 프레젠테이션 스타일을 지적하며 현장에서 공개적으로 망신을 주기도 했어요. 그렇지만 5년 후에 그는 오길비에게 자신의 판단 착오였다며 사과해야만 했죠.

1953년, 당시의 저명한 광고계 잡지였던 〈프린터스 잉크〉는 오길비가 "매디슨 가의 양심이자 촉매 역할을 하는 광고인이 되었다"고 선언하기에 이릅니다. 그동안 광고라고 하면 사람들은 왠지 허풍을 떨면서 물건을 파는 일이라 생각하는 분위기였는데, 오길비가 광고에 새로운 품격을 더해주면서 신뢰감을 주었거든요.

〈매디슨 애브뉴〉는 "오길비는 광고에서 사기꾼, 야바위꾼, 약장수 분위기를 벗겨 낸다. '진실을 말하라'고 계속 재촉한다."고 평했습니다. "과거 50년 동안 미국 광고계에서 이 40대 영국인 악동 데이비드 오길비만큼 두드러진 인상을 남긴 사람은 없었다. 오길비는 개업한 지 겨우 9년 만에 이곳 광고업계에서 디킨스 소설에서 튀어나온 듯한 화려한 면모를 보여주었다."

1958년, 오길비는 이렇게 대단한 평가를 받으며 미국 광고계를 이끌어가는 위치에 올랐어요.

'노No'라고 말할 수 있는 광고인

광고를 의뢰하는 회사가 늘어나면 돈을 많이 벌 수 있으니, 기쁜 일이죠. 하지만, 오길비는 달랐습니다. 1955년, 20여 개의 광고주를 거절했고, 1957년에는 50개의 광고주를 거절하는 일까지 벌어지죠. 여러 광고주의 브랜드가 자신의 신념과 일치하지 않는다는 이유로 거절합니다. 보통 광고인이라면 상상도 할 수 없는 일이었지요. 오길비는 왜 그랬을까요?

오길비는 광고란 다른 사람의 돈을 써서 하는 일이지만 광고주의 운명이 광고회사의 손에 달려 있다고 생각했어요. 그래서 새로운 광고주를 영입할지 말지를 결정할 때는 마치 스포츠 경기하듯이 즐거운 마음으로 임해야 한다고 생각했어요. 재미를 느끼면서 만들 수 있는 광고를 맡아야 한다고 믿었죠. 또한 광고주가 충분한 광고비를 써야 광고 효과를 기대할 수 있다고 생각했어요.

> "광고비를 너무 낮게 책정하지 마세요. 광고비를 낭비하는 가장 확실한 방법은 광고비를 너무 적게 책정하여 일을 제대로 하지 못하는 것입니다. 이것은 유럽으로 4분의 3만큼만 가는 티켓을 사는 것과 마찬가지예요. 유럽을 간다고 돈은 썼지만 결국 도착하지 못하는 것처럼." 《어느 광고인의 고백》

반대의 이유로 거절한 광고주도 있었습니다. 자동차 회사인 포드는 승용차 에드셀Edsel의 광고를 제작할 회사를 찾기 위한 프레젠테이션에 참여해달라고 오길비에게 요청했는데, 오길비는 모두의 예상을 깨고 프레젠테이션을 포기하면서 포드사에 편지를 썼어요.

"귀사의 광고 예산은 현재 우리 회사가 거래하는 모든 고객의 집행 예산의 절반에 해당합니다. 이는 우리들이 마음껏 조언할 수 없을 정도로 부담스러운 액수입니다."

광고 예산이 너무 많아서 포기하다니, 상식을 깨는 일이었습니다. 그래서 그의 편지는 언론에 화젯거리로 소개되기도 했죠.

오길비는 고객을 매우 신중하게 선택했어요. 2년에 한 업체씩 새로운 고객을 확보해 나가는 것이 이상적이라 생각했어요. 회사가 빨리 성장하면 부득이하게 경험이 부족한 직원을 쓰지 않을 수 없으며, 새로운 고객을 위해 회사의 최고 직원을 동원해야 하기 때문에 계속 관리해오던 기존 고객에 대한 서비스를 소홀히 할 수도 있다며 말이죠.

이렇게 기존 고객사들에게 최선을 다한 결과, 오길비는 광고주들의 굳은 믿음을 얻었어요. 이 무렵 그는 광고주를 고르는 10가지 기준을 정해서 또다시 언론의 주목을 받았어요.

오길비는 '노No'라고 말할 수 있는 광고인이었죠. 광고주가 광고회사를 선택하는 게 아니라 광고회사가 광고주를 선택하는 놀라운 관행을 만들어 나갔어요. 이런 용기와 전문성을 높게 평가받아 오길비는 모두가 우러러보는 최고의 광고인이 될 수 있었어요.

오길비가 제시하는
'광고주를 선택하는 10가지 원칙'

1. 고객사의 제품이 자랑스럽게 광고할 수 있는 제품이어야 한다.

2. 그 회사를 위해 일했던 이전의 광고회사보다 일을 더 잘할 자신이 없으면 절대로 맡지 않는다.

3. 장기간에 걸쳐 매출이 감소하는 제품은 본질적으로 약점을 가지고 있기 때문에 그런 제품은 피한다.

4. 잠재 고객이 광고회사에 어떤 이익을 줄 수 있는지를 살펴보고 결정한다.

5. 큰 수익을 기대할 수 없어도 좋은 광고를 만들 수 있다면 광고 대행을 한다.

6. 고객사의 경영자와 광고회사의 관계는 환자와 주치의 사이처럼 친해야 한다. 그러므로 일을 맡기 전에 고객사와 친하게 지낼 수 있을지 타진한다.

7. 광고주의 마케팅 활동에서 광고를 부수적인 것으로 가볍게 보는 잠재고객은 피한다.

8. 연구소에서 생산되는 신제품이 아니면 신제품으로 취급하지 않는다. 널리 유통되고 있으면 괜찮지만 결과를 알 수 없는 신제품은 곤란하다.

9. 이해관계가 복잡하게 얽혀 있는 협회나 연맹 같은 연합 광고주의 광고는 맡지 않는다.

10. 광고주가 부탁하는 사람을 직원으로 채용해주면 광고를 맡기겠다는 조건을 내걸면 사양한다.

광고주를 홀리는 40대 악동 오길비의 매력

오길비에게는 타고 난 배우의 기질이나 끼가 있었어요. 큰 키에 잘생긴 얼굴도 그를 돋보이게 하는 데 한몫 거들었지만, 그의 영국식 억양을 들으면 왠지 연극 대사를 듣는 듯한 느낌이 들었죠. 어떤 모임이나 발표장이 있으면 무대 중앙이 어딘지 금세 파악했고, 사람들의 기억 속에 오래 남을 동작이 어떤 것인지를 파악하고는 자연스레 그 동작을 하고는 했어요.

그는 자신의 광고주인 80대의 헬레나 루빈스타인 여사가 차에서 내릴 때 바로 앞에 웅덩이가 있는 것을 보고는 얼른 뛰어가서 웅덩이 위에 자신의 재킷을 깔아 그녀가 밟고 지나가도록 한 적도 있어요.

어떤 자리에서나 극적인 과시를 중요하게 생각했고 옷도 눈에 띄도록 입었어요. 매디슨 가에 진출한 초창기에는 《폭풍의 언덕》에 나오는 히스클리프처럼 진홍색 안감을 댄 검정 망토를 즐겨 입었어요. 나중에는 감색 블레이저에 빨간색 멜빵, 줄무늬 넥타이 차림으로 조금 눈에 덜 띄는 옷차림으로 바꿨지만, 넥타이핀 대신 서류 집게를 꽂아서 '오길비 표' 멋을 부리곤 했죠. 정장을 입어야 하는 행사에 킬트를 입고 나타나는가 하면, 반대로 성직자 느낌으로 옷을 입기도 했어요. 그의 튀는 옷차림을 의아해하는 사람들에게 오길비는 늘 이렇게 대꾸했어요.

"옷차림이나 동작은 일종의 광고입니다. 자신을 광고할 수 없다면 어떻게 남을 광고하겠소?"

모임의 등장 시점과 퇴장 시점도 기가 막히게 잘 골라서 배우의 끼를 보여주었어요. 오길비는 다른 광고회사의 회장이 발언을 하고 있으면 기다렸다가 끝날 때에 맞춰 사람들의 시선을 한 몸에 받으며 회의장에 입장했어요. 그의 쇼맨십은 거의 완벽한 수준이었죠. 오길비는 뉴욕 중심가에서 모두가 보는 앞에서 롤스로이스를 타고 보란 듯이 질주하기도 했어요.

이런 자기 과시욕 때문에 그에게 곱지 않은 시선을 보내는 사람도 있었지만, 타고난 재치와 매력 덕분에 불쾌하게 생각하는 사람은 거의 없었어요. 게다가, 일단 일에 들어가면 오길비는 더없이 진지하고 치열하게 몰두했어요. 그 결과가 훌륭하니, 그에게 시비를 걸 사람도 없었고요.

대형 광고주를 유치하는 꿈이 현실로

오길비가 만든 광고들이 기존의 틀을 깨며 놀라운 성과를 거두면서, 오길비 앤 매더는 1960년도 미국에서 스물여덟 번째로 큰 광고회사로 성장했어요. 하지만 오길비가 그때까지 맡은 광고주

들 중에 도브 광고를 맡긴 레버 브라더스를 빼면 규모가 큰 회사
는 별로 없었습니다.

오길비가 처음 광고회사를 세우면서 가장 유치하고 싶다고 말
했던 5대 광고주 리스트, 혹시 기억하시나요? 식품회사인 제너럴
푸드, 제약회사인 브리스톨 마이어스, 토마토 수프 통조림으로 유
명한 캠벨, 비누 회사인 레버 브라더스, 그리고 석유화학회사인
쉘. 이 광고주들을 잡기 위해 오길비는 훌륭한 인재들을 잇따라
채용했어요. 그리고 그의 꿈은 하나씩 현실이 되었습니다.

제일 먼저 오길비의 재능을 믿고 광고를 맡긴 회사는 제너럴 푸
드였죠. 제너럴 푸드의 대표 브랜드인 맥스웰하우스 커피 광고를
맡은 오길비는 "마지막 한 방울까지 맛있다"는 카피를 내건 광고
로 성공을 거둡니다. 그리고 냉동건조 커피인 맥심을 비롯해 더
많은 브랜드의 광고를 맡게 되었고, 제너럴 푸드는 오길비 앤 매
더의 최대 고객이 되었어요.

하지만 제너럴 푸드보다 더 큰 영향을 미친 광고주는 쉘이었습
니다. 오길비는 쉘의 사장인 맥스 번스를 만나 친분을 쌓으려고
몇 년 동안이나 공을 들였어요. 마침내 스코틀랜드 의회에서 점심
식사 기회를 만들었고, 프레젠테이션을 통해 쉘 석유회사를 광고
주로 영입했어요.

오길비는 쉘 신문 광고에 전문가들을 등장시켰어요. 그리고 쉘

에서 만드는 기름에 대한 정보들로 지면을 가득 채웠어요. 텔레비전 광고에선 쉘의 기름을 채운 자동차가 종이 장벽을 뚫고 나오는 극적인 장면을 내보내며 주행거리가 더 길다는 점을 광고했어요. 이 광고 덕분에 쉘은 업계 선두 자리에 올랐고, 오길비 앤 매더는 회사 규모를 두 배로 키울 수 있었어요.

아메리칸 익스프레스사의 광고도 독점 대행하게 되었고, 시어스 백화점은 처음으로 시도하는 전국적인 광고 캠페인을 오길비에게 맡겼어요. 모두들 코웃음치던 이름 없는 회사가 20년 남짓한 기간에 이룬 성과라니, 참 놀랍죠?

오길비 앤 매더, 매더 앤 크라우더와 합치다

1950년대까지 나라와 나라를 넘나드는 국제 광고는 찾아보기 힘들었시만, 1960년대에 늘어서자 상황이 달라지기 시작했어요. 다국적 기업이 출현하면서 이 회사들의 광고를 따내기 위해 미국과 영국의 광고회사들은 해외에서 파트너를 찾기 시작했어요.

오길비 앤 매더는 1960년, 쉘 광고를 위해 토론토에 캐나다 지사를 개설하면서 해외로 진출하게 됩니다. 하지만 훨씬 중요한 변화는 1963년에 찾아왔어요. 영국 광고회사이자 오길비 앤 매더의 투자사인 매더 앤 크라우더와 미국 광고회사인 오길비 앤 매더라는 두 개의 광고회사가 합병˚을 논의하기 시작한 거예요.

거래 총액으로 따지면 미국의 오길비 앤 매더가 더 큰 돈을 벌지만, 경쟁사들과의 관계로 보면 오랜 역사를 지닌 영국의 매더 앤 크라우더가 여전히 앞서가고 있었어요. 그래서 영국 측에서는 처음에 합병을 원치 않았어요. 하지만 대세에 따라 미국 광고회사와 합병해야만 한다면 다른 미국 광고회사와 합병하는 것보다 차라리 사장인 프랜시스 오길비의 동생인 데이비드 오길비와 힘을 합치는 것이 낫겠다는 계산에, 협상 테이블로 나왔어요.

오길비 역시 회사를 키울 절호의 기회이자 형과 함께 일하면 좋겠다는 생각에서 합병에 찬성합니다. 오길비는 합병하게 되면 형인 프랜시스가 사장을 맡는 것이 좋겠다고 제안했어요.

협상 당일, 오길비는 연회장에서 '우리가 매출을 올리는 광고에 대해 배운 것'이라는 제목으로 프레젠테이션을 했어요. 오길비는 좋은 광고에 대한 설명과 수많은 사례를 제시하고, 광고주의 매출 신장 결과를 일일이 도표로 제시했어요. 그런 다음 효과적인 광고와 그렇지 않은 광고에 대한 결론을 이끌어냈어요. 발표가 끝날 무렵 오길비는 모두를 향해 이렇게 물었죠.

"판매에 도움이 됩니까?"

˚ **합병** 법적으로 회사를 합치는 것.

그 자리에 참석했던 영국 매더 앤 크라우더 쪽 사람들은 미국 광고계의 최신식 사고방식과 성과에 놀라고 말았어요. 한 편의 황홀한 연극 같은 프레젠테이션이었어요. 합병을 반대하던 사람들의 마음을 오길비가 돌려놓은 거죠. 그런데 협상이 진행되던 도중 형 프랜시스가 폐암으로 세상을 떠났어요. 예순이라는 아까운 나이였죠.

영국의 중역들은 처음에 오길비를 합병으로 커질 회사를 경영할 수 있는 인재로는 생각하지 않았어요. 그때까지도 오길비는 광고회사 경영자보다는 광고를 만드는 창작자의 역할에 관심을 가졌으니까요. 그렇지만 프레젠테이션을 계기로 분위기가 달라져서 새로운 합병 회사의 대표로 인정받게 됩니다.

1965년, 오길비 자신이 처음으로 광고를 배운 영국의 광고회사 매더 앤 크라우더를 인수했어요. 합병을 통해 탄생한 오길비 앤 매더 인터내셔널은 100여 개국에 지사를 둔 세계에서 아홉 번째, 유럽에선 가장 큰 광고회사가 되었고, 1년 뒤 광고회사로서는 처음으로 주식을 공개했어요.

1971년에는 1948년 오길비가 처음으로 광고회사를 세울 때 투자했던 S. H. 벤슨을 매입했어요. 영국 최대의 광고회사인 벤슨은 적자를 보고 있었지만, 런던에 비싼 건물과 동남아시아 여러 국가에 광고회사를 가지고 있었죠.

오길비 앤 매더의 직원들은 벤슨이 거느린 자회사들을 '미키마우스 나라들'이라고 부르며 합병에 반대했어요. 그 나라의 광고시장의 규모가 생쥐처럼 작다고 생각해 그 나라들을 하찮게 여겼기 때문이죠.

하지만 오길비는 중역들의 지지를 바탕으로 그 회사를 사들였어요. 그렇게 해서 오스트레일리아와 뉴질랜드를 비롯한 아시아 태평양 지역에 오길비 앤 매더의 전초 기지를 만드는 데 성공했어요.

현대 광고의 역사

오길비의 광고 철학을 알아보려면 1950년대 이후, 광고 창조 철학의 형성에 영향을 미친 주요 흐름을 대강 알아볼 필요가 있겠죠?

● 1950년대: 고유판매제안USP 시대

1950년대 이전에는 감으로 광고를 만들었어요. 그런데 오길비가 처음 뉴욕에 발을 디뎠을 때 그에게 미국 광고에 대해 알려준 스승이자 손윗동서인 로서 리브스가 고유판매제안USP, Unique Selling Proposition이라는 과학적인 광고 창작 개념을 제시했어요.

리브스는 《광고의 실체Reality in Advertising》라는 책에서 가장 효과적인 광고 전략은 제품 그 자체라고 말했어요. 제품 그 자체가 경쟁 브랜드에 비해 특별한 이점이 있다면 그 장점을 말하는 것 그 자체가 훌륭한 광고 전략이 된다는 거죠.

리브스는 "M&M 초콜릿은 손에서 녹지 않고, 입에서 녹습니다"라는 광고를 만들어 유명해졌어요.

당시의 초콜릿은 코팅 기술이 좋지 않아 입에 넣기도 전에 손에서 녹아버리는 경우가 많았어요. 그래서 다른 회사들에서는 모두 초콜릿의 맛을 광고했지만, M&M 초콜릿은 코팅 기술을 강조한 거

로서 리브스.

죠. 이런 게 바로 고유판매제안입니다.

그가 제시한 고유판매제안 개념은 이전에 주먹구구식의 주관적인 느낌으로 아이디어 발상을 해오던 광고 창작자들의 습관을 바꾸게 만들고, 광고 창작에 있어서 효과를 발휘할 수 있는 판매 메시지 개발에 기여했어요. 오길비에게도 영향을 미쳤고, 1950년대의 대표적인 창조 철학으로서 현대 광고의 발전에 크게 기여했어요.

●1960년대: 브랜드 이미지 시대

미국 광고의 꽃을 활짝 피운 1960년대를 '크리에이티브 혁명의 시대'라고 부르지요. 데이비드 오길비, 윌리엄 번벅William Bernbach, 레오 버넷Leo Burnett, 1891~1971을 대표적인 광고인이라고 할 수 있어요. 이들은 광고에 나타난 이미지를 중시했지만 생각하는 광고의 창조 철학은 각각 달랐어요.

오길비는 특히 모든 광고물이 브랜드 이미지를 만드는 데 기여하는 장기간의 투자라고 했어요. 어떤 상품이든지 광고를 통하여 자기만의 독특한 이미지를 갖게 되는데, 소비자는 그 이미지에 기대어 광고에서 제시한 상품의 물리적 심리적 혜택을 구매한다는 생각이었죠.

광고를 철저한 조사에 기반한 과학이라고 생각했던 오길비와 광고는 예술이라고 생각했던 번벅은 치열한 라이벌이었지만, 서로 다른 관점을 존중하고 상대방의 창의성을 인정하며 우정 어린 존경심을 나타냅니다.

●1970년대: 포지셔닝 시대

자기 브랜드와 경쟁 브랜드의 강약점을 비교한 다음 상대적으로 틈새가 보이는 위치에 자기 브랜드를 자리매김하는 것을 '포지셔닝positioning'이라고 해요.

포지셔닝 전략에 의하면 마케팅이란 실제 시장 점유율에 관계없이 소비자들이 어떤 브랜드에 대하여 머릿속으로 어떻게 느끼는가 하는 인식의 싸움으로 보고 있어요. 마케팅이란 제품력의 싸움이 아니라 인식의 싸움이라는 관점에서 브랜드의 상대적 위치를 중시한 시대로, 잭 트라우트Jack Trout와 알 리스Al Ries 의 포지셔닝 이론이 이 시대를 대표하는 광고 철학이죠.

● 1980년대: 광고의 사회적 책임 시대

허위 광고나 과장 광고가 늘어나면서 광고 윤리와 사회적 책임이 중요해졌어요. 그래서 1980년대는 광고의 사회적 책임social responsibility을 강조하고 광고 메시지의 진실성을 추구하는 시대였습니다. 광고 윤리에 대한 여러 가지 쟁점이 떠올랐고 광고를 사전에 심의해야 된다는 주장이 나오기 시작했어요.

● 2000년대 이후: 기호의 정박 시대

한편의 광고에는 문자 기호와 영상 기호, 그리고 소리 기호가 덩어리로 뭉쳐 섞여 있습니다. 이처럼 현대 광고에서 제시하는 기호들이 어떻게 소비자의 머릿속에 각인되고 해석되는지가 중요해졌는데, 2000년대 이후 나온 포스트모던 광고들이 대표적이죠.

광고 메시지는 반드시 상품 판매 메시지가 아니어도 되고 소비자들이 알아서 자기 마음대로 해석하도록 첨단 영상 기법을 써서 광고를 만들었어요. 마치 배가 항구에 정박하듯이 광고에 나타난 어떤 기호가 어떤 브랜드의 고유한 이미지로 정해지는 것을 기호의 정박碇泊, anchoring 기능이라고 합니다. 2000년대 이후를 이와 같은 '기호의 정박 시대'라고 부릅니다.

크리에이티브 혁명을
주도하다

1963년 오길비는 한 권의 책을 냈습니다. 지금까지 그가 광고 현장에서 보여준 놀라운 성과를 바탕으로 개인적인 경험과 그가 생각하는 광고 철학, 그리고 경영 원칙을 버무려서 광고를 모르는 독자들이라도 술술 읽게 만든 이 재미있는 책은 광고인을 지망하는 젊은이라면 반드시 읽어야 할 필독서가 되었습니다. 이제 사람들은 그를 '현대 광고의 아버지'라고 부릅니다.

오길비를 광고인의 아버지로 만든 한 권의 책

오길비는 1962년 여름휴가 때 자신의 경험을 바탕으로 광고에 대해 배운 것을 글로 옮겨서 1963년에 출판합니다. 자신의 성공을 자축하는 동시에 자신이 광고를 하면서 느낀 점들을 알리고 싶다는 생각이 들어 책을 쓰기로 한 거예요. 책을 내는 것도 자신을 광고하는 방법의 하나이고 새로운 광고를 유치하는 수단 중 하나라고 생각했으니까요.

《어느 광고인의 고백 Confessions of an Advertising Man》이 오길비가 처음으로 쓴 책의 제목이죠. 광고계의 거물인 오길비가 책을 쓴다고 했을 때 관심을 보인 출판사가 무려 열두 군데나 되었지만, 정작 오길비는 이 책이 그렇게 많이 팔릴 것이라고는 상상도 못 했어요. 고작 4000부 정도 팔릴 거라고 생각했어요.

그런데 6개월 만에 6쇄를 찍었고, 〈타임스〉지의 베스트셀러 목록에도 올랐어요. 전 세계의 14개 언어로 번역되어 200만 부 이상 팔렸습니다. 프랑스어, 독일어, 스페인어, 노르웨이어, 핀란드어, 덴마크어, 네덜란드어, 그리스어, 이탈리아어, 일본어로 번역 출판되어 베스트셀러가 되었고 지금도 서점에서 찾을 수 있어요. 우리나라에서도 1993년 이낙운 선생이 번역한 《어느 광고인의 고백》이 출판되었고, 2008년 강두필 교수의 번역으로 《나는 광고로

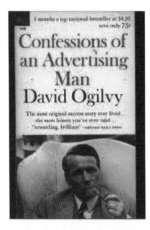

오길비를 광고의 아버지로 만든 책
《어느 광고인의 고백》.

오길비가 1983년에 쓴
《광고 불변의 법칙》.

세상을 움직였다》라는 제목을 달고 다시 출판되었어요.

이 책의 성공 덕분에 오길비는 광고계를 넘어 일반 독자들에게도 널리 이름을 날렸습니다. 광고 분야에서 가장 많이 팔린 베스트셀러로서 경영 대학원 교재로 채택되고, 광고계를 동경하는 학생들에게도 깊은 영향을 끼쳤습니다. 광고인이라면 누구나 읽어야 할 광고 바이블이 되었어요. 우리나라 1세대 카피라이터 김태형 선생은 이 책을 '맛있는 요리' 같은 책이라며 현대의 고전으로 가장 추천하고 싶다고 했어요. 오길비가 동 시대의 경쟁자들을 뛰어넘어 '광고계의 아버지'로 불리게 된 것도 이 책의 성공이 가져온 또 다른 힘이라 할 수 있을 거예요.

이 책에서는 '오길비주의Ogilvy-ism'라고 할 수 있는 내용들이 생생한 경험을 바탕으로 그려져 있죠. 즉, 오길비의 비즈니스 철학, 크리에이티브 디렉터의 5가지 유형, 마케팅 글쓰기 원칙, 창조적 리더의 조건, 성공 캠페인을 위한 지침, 카피 쓰는 법 같은 주옥 같은 내용들이 들어 있어요.

시간이 지나도 책을 찾는 사람들이 많아서 1988년 개정판을 냈는데, 오길비가 다시 쓴 개정판 서문의 제목은 "한번 세일즈맨은 영원한 세일즈맨이다"로 되어있어요. 우리가 많이 듣던 "한번 해병은 영원한 해병"이라는 해병대 슬로건과 놀라울 정도로 똑같죠? 즉, 광고의 목표는 상품 판매를 촉진하는 데 있다는 점을 강조한 것이었어요.

오길비는 아들 페어필드의 스물한 번째 생일을 맞이해, 책의 저작권을 아들에게 선물했어요. 아내와 이혼하면서 엄마와 함께 살게 된 아들에게 오길비는 아버지로서 곁에 있어주지 못한 미안함이 컸던 거예요. 책이 베스트셀러가 되면서 인세가 많이 들어왔지만, 아들이 유럽에서 '스키 광'으로 살아가느라 그 돈을 금방 다 써버리자 오길비는 크게 후회했어요. 하지만 페어필드가 나중에 부동산 중개업자로 크게 성공하자 오길비는 아들을 무척 자랑스러워했죠.

이런 일화가 있어요. 오길비가 아들이 사는 그리니치에 갔을 때 그 지방 철물점에서 아메리칸 익스프레스 카드를 썼는데 철물점 주인이 카드 명세표에 쓴 사인을 보고 이렇게 물었대요.

"그 유명한 부동산업자 오길비 씨 맞죠?"

오길비는 매우 흐뭇해했어요. 자식 자랑은 팔불출이라고 하지만 오길비는 오랫동안 사석에서 그 일화를 자주 이야기 했어요.

'무엇을 말할까?'에 몰두한 오길비

"나는 사람들이 내 광고를 창의적이라고 평가하기를 바라지 않는다. 내가 광고를 만드는 목적은 사람들이 내 광고를 보고 흥미

를 느껴 그 제품을 사게 하는 것이다."《광고 불변의 법칙》

　오길비는 광고란 오락이나 예술이 아니라 정보를 전달하는 매
개체라고 생각했어요. 그는 광고의 목적이 오직 판매에 있다고 생
각하고, 어떻게 하면 판매와 직결되는 광고를 만들지에 대해 깊이
고민했어요.

　그는 동갑내기 친구이자 경쟁자였던 윌리엄 번벅과 함께 1960
년대 크리에이티브 혁명을 주도했어요. 하지만 인종적 배경, 개인
성격, 크리에이티브 철학 등에서 두 사람은 대조적이었어요.

　광고 발상에 관한 일체의 공식을 거부한 번벅과 달리, 오길비는
좋은 광고를 만들기 위해서는 예술적이며 천재적 소질보다 사실
을 바탕으로 구체화된 일반적인 창작의 법칙이 있다고 믿었고 그
신념을 평생토록 포기하지 않았어요.

　오길비는 《어느 광고인의 고백》,《광고 불변의 법칙 Ogilvy on
Advertising》 같은 저서를 통하여 자신의 광고 창조 철학인 브랜드 이
미지 전략을 체계적으로 정리했어요. 그는 모든 광고물이 '브랜드
이미지 구축에 기여하는 장기간의 투자'라고 생각했죠. 어떤 상품
이든지 광고를 통하여 자기만의 독특한 이미지를 갖게 되는데, 소
비자는 그 이미지에 기대어 광고에서 제시한 상품의 물리적 심리
적 혜택을 구매한다는 것이죠.

오길비는 이미 오래 전에 "장미보다는 사랑을 팔아야 한다"는 생각을 했던 거죠. 무슨 얘기냐고요? 장미꽃을 광고한다고 칩시다. 연인에게 프러포즈할 때 주는 사랑의 선물이라는 이미지를 지속적으로 강조하면 그냥 품종이나 색깔을 내세울 때보다 장미꽃이 훨씬 잘 팔릴 거라는 얘기예요.

오길비는 광고나 카피 창작에 있어서 조사 기능을 특히 중요하게 생각했는데, 이런 입장은 그가 여론조사 기관인 갤럽의 면접조사원을 거쳤다는 점과 무관하지 않아요.

> "광고에 있어 가장 중요한 단어는 '조사'입니다. 당신 광고의 약속을 조사하십시오. 매체를 조사하십시오. 헤드라인과 일러스트레이션을 조사하십시오. 광고 면의 크기를 조사하십시오. 노출 빈도를 조사하십시오. 광고비 수준을 조사하십시오. 결코 조사를 멈추지 마십시오. 그래야 당신의 광고가 끊임없이 개선될 것입니다."《어느 광고인의 고백》

오길비는 직접 반응 광고에 특별한 관심을 기울이고, 장기간에 걸친 현장에서의 광고효과 조사를 바탕으로 일반적인 광고 창작의 원칙을 마련하려고 노력했죠. 창의적인 광고 아이디어는 천재적 영감에서 나온다고 생각할 수도 있겠지만, 그는 창의적인 광고 아이디어 발상에는 천재적인 자질이 꼭 필요하다고 생각지 않았어요. 대신 일반화된 법칙을 숙지해 그것을 적용하면 된다고 생각했지요.

"빅 아이디어*를 바탕으로 만들지 않은 광고는 깜깜한 밤에 지나가는 배와 같다"는 그의 말은 명언입니다. 그는 30여 년에 걸친 광고물 평가 조사를 바탕으로 효과적인 광고 창작을 위한 다섯 가지 원칙을 제시했어요.

- 가능하면 상품을 크게 제시하라.
- 소비자를 혼란시키는 부정적 헤드라인은 쓰지 말라.
- 헤드라인에 브랜드 이름을 넣고 로고 처리를 강하게 하라.
- 신상품일 경우에 뉴스성을 최대한 보장하라.
- 가능한 한 상품을 쓰는 사람을 보여주라.

오길비가 제시한 다섯 가지 광고 창작 원칙은 당시의 광고인들에게 많은 영향을 미쳤어요. 오길비의 광고 창조 철학의 핵심은 과학적인 조사 결과를 바탕으로 '무엇을 말할까What to say'를 찾는 것이라고 할 수 있어요. 그는 말로 설명할 수 없는 기막힌 아이디

---

* 빅 아이디어(Bid Idea) 이전에 없던 정말 놀랍고 독창적인 생각이나 아이디어.

어는 비과학적인 신비성이나 다름없다고 생각했어요. 광고물의 완성도나 광고 창작자의 솜씨 같은 것은 메시지를 정확히 전달하는 것보다 중요하지 않은 부차적인 문제였던 셈이죠.

'어떻게 말할까?'를 고민한 오길비의 라이벌, 번벅

그런데 광고 창작에 원칙이 있을 수 없다고 생각했던 번벅은 오길비의 생각이 잘못되었다며 엄청나게 비판했어요. 번벅은 상품의 특성을 바탕으로 광고 창작자의 창작 솜씨를 발휘하는 것이 가장 중요하다고 생각했죠. 모든 것을 숫자로 알아보려는 태도야말로 광고 창작의 상상력을 가로막는 가장 치명적인 장애 요인이며 조사에 대한 맹신으로 이어져 결국 모든 것을 조사 결과 위주로만 판단하게 된다고 생각했어요.

번벅은 세계의 광고학 교과서에 반드시 인용되는 "불량품Lemon" "작은 차를 생각하세요Think Small" 같은 폭스바겐Volkswagen 비틀의 광고 캠페인을 전개했지요.

자기가 광고하는 제품을 불량품이나 작은 차라고 부정적으로 묘사한 헤드라인을 쓴 것인데, 효과를 극대화할 수 있다면 같은 메시지라도 어떻게 표현하느냐에 따라 성과가 달라진다고 생각했던 거예요. 즉, '어떻게 말할 것인가How to say'가 더 중요했던 셈이

윌리엄 번벅.

폭스바겐 비틀 광고.

죠. 오길비가 광고를 과학적 입장에서 접근했다면 번벅은 예술적 표현을 더 강조했다고 할 수 있어요.

그렇다면 광고 창작의 법칙을 강조한 오길비와 법칙을 깨트려야 한다고 주장한 번벅 중 누구 말이 옳은 것일까요? 광고 기획자나 마케팅 담당자는 오길비의 생각을 지지하는 경우가 많고 광고 창작자들은 번벅의 생각을 지지하는 경향이 있어요.

오길비가 가르쳐준
광고의 기본

요즘은 '브랜드 이미지'라는 단어를 많이 쓰지만 오길비가 광고인으로 활동했던 1950년대만 해도 이런 개념이 없었어요. 오길비는 《어느 광고인의 고백》, 《광고 불변의 법칙》 등의 저서에 자신의 광고 철학인 브랜드 이미지의 개념을 제시합니다. 그럼 브랜드 이미지란 무엇인지 알아볼까요?

브랜드 이미지 전략

'브랜드 이미지brand image'란 어떤 제품이나 브랜드에 대하여 사람들이 자기도 모르게 가지는 인상을 말해요. 패션, 명품, 보석, 화장품 같은 제품이나 위스키나 담배 같은 기호품의 경우에는 차별적인 특성이나 고유한 혜택을 알리기가 어려워요. 이때는 광고 메시지에서 자기 브랜드가 경쟁 브랜드보다 뛰어나다는 이미지를 소비자 마음속에 심어주는 것이 필요하겠죠. 이것이 바로 오길비가 창시한 브랜드 이미지 전략입니다.

1950년대 초반에 나온 이 전략은 경쟁 제품이 많이 나오면서부터 품질, 가격, 디자인, 포장이 비슷해져 구별하기 어렵게 되면서부터 본격적으로 주목받기 시작했어요.

오길비는 기술이 발전함에 따라 상품의 기능이나 제품력이 점점 비슷해지므로, 기능을 널리 알리는 광고보다는 브랜드 이미지를 구축하기 위한 광고를 만들어야 한다고 생각했어요.

우리 속담에 '자주 보다 보면 없던 정도 생긴다'는 말이 있는데, 어떤 브랜드의 광고를 자주 보다 보면 저절로 그 브랜드의 이미지가 떠올라 그 브랜드가 좋아지는 느낌을 주는 것과 같아요. 따라서 브랜드 이미지 전략은 소비자 심리 속에 브랜드를 차별화시켜 독특한 이미지를 만드는 것이 최종 목표라고 할 수 있어요.

그런데 여기서 말하는 차별화란 실질적인 제품의 특성에 의한 것이 아니라, 어디까지나 소비자의 주관적인 인상impression에서 비롯됩니다.

브랜드 이미지 전략은 광고 메시지에서 전하는 스토리를 중시해요. 유명인을 모델로 써서 흥미를 유발하는 동시에 모델의 독특한 이미지를 브랜드 이미지로 연상하게 만드는 거죠. 해서웨이 셔츠 광고에서 시작된 브랜드 이미지 전략은 슈웹스 캠페인으로까지 이어졌어요. 광고주인 화이트헤드 사장을 18년 동안 메인 비주얼로 활용해 제품의 확실한 상징으로 승화시켰으니까요.

현대 광고에서는 오길비가 제시한 브랜드 이미지 전략이 갈수록 중요해지고 있어요. 우리나라의 예를 들어 보면, 오랫동안 동일한 콘셉트를 바탕으로 브랜드 이미지를 관리해온 다시다의 "고향의 맛", 유한킴벌리의 "우리 강산 푸르게 푸르게" 같은 캠페인이 브랜드 이미지 전략을 적용한 대표적인 사례라고 할 수 있어요.

지금도 전 세계 오길비 앤 매더의 사무실에는 이런 문구가 붙어 있답니다.

"브랜드를 가장 가치 있게 여기는 사람들에게 가장 높은 평가를 받는 광고회사가 되자."

매직 랜턴

오길비는 광고를 과학이라고 생각했고, 법칙을 중시했다고 한 것 기억나시죠?

오길비는 광고의 원리와 공식에 관한 여러 책을 썼어요. 그 가운데 광고의 정석을 가장 체계적으로 정리한 것이 크리에이티브 가이드북인 《매직 랜턴Magic Lantern》입니다. 오길비는 30년 광고 인생의 노하우를 총결집해 신입 사원 교육용 교재를 만들고, 광고 크리에이티브의 앞길을 환히 비춰주는 등불이라는 의미를 담아 《매직 랜턴》이란 제목을 붙였어요.

광고회사 오길비 앤 매더에서 쓰는 광고 창작의 원칙을 체계적으로 정리했는데 헤드라인 쓰는 법, 보디카피 쓰는 법, 일러스트레이션 그리는 법, TV 광고의 구성 원리, 광고 콘셉트를 도출하는 방법 같은 구체적인 내용이 담겨 있어요.

오길비는 이 책에서 소개한 원칙들이 자신의 개인적인 의견이 아니라 오랜 세월 동안 광고 조사를 한 결과를 바탕으로 가장 보편적으로 적용할만한 것을 간추렸다고 강조했어요. 매직 랜턴은 교육용 슬라이드로 만들어지기도 했고 문서로 발간되기도 했어요.

"창의성이나 자유로운 상상력을 방해하지 않을까요?" "광고 법칙을 지키다보면 아주 따분한 광고가 나오지 않을까요?"

신입 사원들이 이렇게 물으면 오길비는 늘 단호하게 대답했어요. "지금까지는 그런 적 없었습니다. 앞으로도 그럴 거고요. 셰익스피어는 소네트를 쓸 때 엄격한 규율에 맞춰 썼습니다. 4행시 셋과 2행으로 이루어진 댓구의 운을 맞추어 14행으로 썼어요. 그래서 셰익스피어의 소네트가 지루하던가요? 모차르트도 똑같이 엄격한 규율에 의해 소나타를 작곡했죠. 제시부, 전개부, 재현부로 구성했어요. 모차르트의 소나타 작품들이 따분하던가요?"

소비자 중심주의

오길비는 광고를 만들 때 소비자 입장에서 생각하는 게 중요하다고 강조했어요. 오길비가 남긴 정말로 중요한 유산은, 제품이 아닌 소비자가 중심이 되어야 한다는 '소비자 중심주의'입니다. 그는 소비자는 지적인 존재라고 선언하며, 소비자에게 만족감과 실질적인 도움을 줄 수 있는 광고를 만들어야 한다고 역설했어요.

어느 화창한 봄날이었죠. 그날도 오길비는 여느 때처럼 길을 걷다가 우연히 구걸하고 있는 시각장애인의 모습을 봤어요.

"안 보여요, 도와주세요I'm blind, please help!"

시각장애인 앞에 이런 푯말이 놓여 있었어요. 그냥 지나치려던 오길비는 다시 되돌아가서 시각장애인 앞에 있는 푯말을 수정했어요.

"날씨가 아름다울 텐데 저는 볼 수가 없네요It's a beautiful day and I can't see it."

그냥 지나치던 사람들이 수정된 문구를 보고 나서는 한둘씩 빈 깡통에 돈을 채워 넣기 시작했어요. 오길비는 소비자의 마음을 움직이는 카피를 썼고, 그 파워가 소비자의 동의를 얻은 거죠.

광고를 만들 때도 오길비는 헤드라인에 브랜드 이름을 넣고, 소비자들이 곧바로 이해할 수 있는 카피를 썼어요. 시적이고 감성적인 카피도 거의 쓰지 않았어요. 절대로 돌려서 말하지 않고 소비자의 마음을 얻어 판매를 촉진하는 단어를 쓰려고 노력했어요.

> "소비자는 바보가 아닙니다. 그녀는 당신의 부인입니다. 만일 당신이 그저 그런 슬로건과 김빠진 형용사 몇 개로 그녀가 뭔가 사도록 설득할 수 있으리라 생각한다면 그녀의 지성을 모독하는 셈입니다. 그녀는 당신이 그녀에게 줄 수 있는 모든 정보를 원합니다."《어느 광고인의 고백》

"한 자리에 정렬해 있는 군인에게 광고를 하면 안 됩니다. 행진하고 있는 군인에게 광고를 해야 합니다. 해마다 300만 명의 소비자들이 결혼을 합니다. 작년에 결혼한 소비자들에게 했던 냉장고 광고는 내년에 결혼할 소비자들에게도 똑같이 성공적이겠죠. 광고란 시장에 새로 들어오는 예상 고객을 찾아 끊임없이 움직이는 레이더 탐지와 같습니다. 성능 좋은 레이더를 구해 지속적으로 탐지하십시오." 《어느 광고인의 고백》

비즈니스 글쓰기

오길비는 '사람들에게 질이 떨어지는 제품을 사라고 권유하는 것이 광고다'라는 비판을 가장 싫어했어요. 한 번쯤 광고에 이끌려 제품을 살 수도 있겠지만, 제품의 질이 떨어진다는 것을 알면 다시는 그 제품을 사지 않는다는 사실을 특히 강조했어요. '광고는 대체로 소비자들에게 필요한 정보를 충분히 알려주지 않는다'고 생각해서 비즈니스 글쓰기를 어떻게 해야 할 것인지, 다음과 같은 10가지 조건을 제시합니다.

- 글쓰기 책을 읽어라. 적어도 세 번을 읽어라.
- 말하는 듯이 자연스럽게 써라.
- 단어, 문장, 문단은 짧게 써라.
- 전문 용어를 쓰지 마라. 허세의 증거일 뿐이다.
- 어떤 주제든 2쪽 이상 쓰지 마라.
- 인용문을 꼼꼼히 점검해라.
- 편지나 메모는 쓴 날 바로 보내지 마라. 다음 날 아침에 큰 소리로 읽어보고 수정해라.

- 만약 중요한 것이라면 동료에게 고쳐달라고 부탁해라.
- 편지나 메모를 보내기 전에 수신인에게 바라는 것이 분명하게 표현되어 있는지 살펴봐라.
- 행동을 원하거든 쓰지 마라. 직접 찾아가 상대에게 자신이 원하는 것을 말해라.

헤드라인 쓰는 법

오길비는 광고의 제목인 헤드라인Headline을 광고에서 가장 중요한 핵심 요소이자, 광고의 첫인상을 결정짓는다고 생각했어요. 소비자 응답 결과를 바탕으로 오길비는 헤드라인의 원칙을 확인했어요.

- 헤드라인에 따옴표를 붙이면 나중에 기억해내는 비율이 28% 증가한다.
- 뉴스 식의 헤드라인은 사람들에게 22% 더 많이 읽힌다.
- 헤드라인은 83%가 읽지만 보디카피는 83%가 읽지 않는다.
- 따라서 헤드라인에 반드시 브랜드 이름을 포함해야 한다.

오길비는《어느 광고인의 고백》제6장〈강력한 카피를 쓰려면〉에서 헤드라인 작성법을 제시했어요. 그가 제시한 헤드라인 쓰는 법 10가지를 요약하여 제시하면 다음과 같아요.

- 법칙 1: 헤드라인이 잠재 고객에게 신호를 보내도록 써라.
- 법칙 2: 어떤 헤드라인에서도 소비자의 관심사가 중요하므로 소비자의 관심사에 호소하는 헤드라인을 써라.

- 법칙 3: 늘 헤드라인에 뉴스거리가 들어가도록 시도해라.
- 법칙 4: 놀라운 효과를 발휘하는 다음과 같은 단어나 구절을 헤드라인에서 사용해라. 즉, '어떻게', '갑자기', '지금', '알림', '소개', '여기에', '방금 나온', '중요한 발전', '개선', '굉장한', '경이로운', '주목할 만한', '혁명적인', '놀라운', '기적', '마술', '권해요', '빠른', '쉬운', '구함', '도전', '~에 대한 조언', '비교해보세요', '특가판매', '서두르세요', 그리고 '마지막 기회' 등이다.
- 법칙 5: 보디카피를 읽는 사람의 5배가 헤드라인을 읽는다. 그러니 잠깐 스치는 사람도 알 수 있도록 반드시 브랜드 이름을 포함시켜라.
- 법칙 6: 헤드라인에 소비자에 대한 약속이 들어 있어야 한다. 따라서 필요할 경우 긴 헤드라인을 써라.
- 법칙 7: 헤드라인에서 소비자의 호기심을 유발한다면 보디카피를 더 많이 읽을 가능성이 높기 때문에, 헤드라인의 끝 부분에 보디카피를 읽도록 소비자를 유도하는 그 무엇이 있어야 한다.
- 법칙 8: 카피라이터들이 익살, 문학적 암시, 그리고 모호함 같이 솜씨 부리는 헤드라인을 쓰는 것은 죄악이다. 소비자들은 모호한 헤드라인의 뜻을 알려고 광고를 오래 들여다보지 않는다. 따라서 헤드라인을 어렵게 쓰지 말고 쉽게 써라.
- 법칙 9: 부정적인 헤드라인을 쓰면 위험하다는 조사 결과가 있다. 가급적 긍정적인 헤드라인을 써라.
- 법칙 10: 보디카피를 읽지 않으면 무슨 말인지 알 수 없는 헤드라인은 쓰지 마라. 구체적인 헤드라인을 쓰라는 얘기다.

보디카피(본문) 쓰는 법

오길비는 "만약 사람들에게 뭔가를 사게 하려면 그들의 언어, 그들이 매일 쓰는 말, 그들의 생각 속에 있는 말을 사용해야 한다."라고 자주 말했어요. 초보 카피라이터의 경우 자꾸 유식한 말이나 관념적인 단어를 사용하려고 하는데, 이 역시 잘못된 태도라는 것이 오길비의 생각이었죠.

카피라이터의 임무란 자신이 얼마나 뛰어난지를 보여주는 것이 아니라 광고 상품이 얼마나 좋은지를 드러내는 것입니다. 오길비는 《어느 광고인의 고백》 제6장 〈강력한 카피를 쓰려면〉에서 보디카피를 쓰는 법을 다음과 같이 정리했어요.

- 멀리 돌려서 말하지 말고 요점을 정확하게 말하라.
- 최상급, 일반적인 말, 상투적인 말은 피해라.
- 추천하는 글을 넣어라.
- 독자들에게 도움이 되는 조언이나 서비스를 제공해라.
- 순수 문학파의 광고가 좋다고 생각한 적이 단 한 번도 없다.
- 회사가 자신의 성실함을 자랑하는 내용은 자랑할 것이 없음을 고백하는 것과 마찬가지다. 자랑하지 말고 써라.
- 엄숙하고 고상하게 쓸 필요가 없을 때는 고객이 매일 쓰는 구어체 카피를 써라.
- 상 받는 카피를 쓰고 싶은 유혹을 물리치고 광고의 목적이 상품 판매임을 명심하고 써라.
- 훌륭한 카피라이터의 능력은 신상품을 얼마나 많이 성공시켰느냐에 따라 결정된다. 그러니 신상품을 성공시킬 만한 카피를 써라.

그러기 위해서는 진실에 호소하고, 처음에는 생각나는 대로 길게 썼다가 점차 불필요한 부분을 삭제하면서 소비자를 설득하는 데 초점을 맞춰야 하겠죠? 또 되도록 많은 분량의 카피를 써서 주변에 보여주며 반응이나 평가를 반영해서 더욱 설득력이 높은 최종 카피를 완성해야 합니다. 광고회사 사장이었던 레이 캘트Ray Calt에게 보낸 편지 내용을 보면 오길비가 카피를 어떻게 썼는지 알 수 있어요. 《미출간 오길비The Unpublished David Ogilvy》.

친애하는 캘트에게

1. 나는 카피를 회사에서 써본 적이 없어. 항상 집에서 쓰지.

2. 항상 광고의 사례 연구에 많은 시간을 할애하지. 최소한 나는 광고할 상품의 경쟁사 광고 20년 치를 살펴본다네.

3. 내 조사 분석 자료들을 빼놓을 수 없지.

4. 내가 맡은 광고 캠페인을 스스로 결정한 다음, 광고주의 승인을 받기 전까지는 아무 일도 하지 않아.

5. 카피를 쓰기 전에 내가 상품 판매에 대해 생각하는 모든 가능성을 기록한 다음, 조사 자료를 활용하여 카피의 구조에 맞추고 있어.

6. 그다음에 헤드라인을 써. 헤드라인 20여 개를 쓴 다음 광고인들의 의견을 들어봐.

7. 이때부터 실제로 카피를 쓰기 시작해. 항상 집 안 서재의 책상에 앉아 쓰기 시작하는데 아주 신경이 예민해져. 최근 담배를 끊고부터 더 심해진 것 같아.

8. 복잡하고 어지러운 광고는 질색이야. 대략 카피 20개 정도를 쓰레기통에 버리네.

9. 이때까지 그럴듯한 카피가 하나도 없으면 축음기에 헨델의 오라토리오를 틀어놓고 럼주를 반 병 정도 마시네. 이 무렵 좋은 카피가 나오기 시작해.

10. 다음 날 아침 일찍 일어나 카피들을 수정하지.

11. 그런 다음 기차를 타고 가며 뉴욕 사무실의 비서에게 카피 초안을 타이핑시키네. (난 타이핑 할 줄 몰라. 아주 불편한 일이야.)

12. 난 형편없는 카피라이터지만 편집에는 능력이 있어. 내 카피들을 스스로 수정해. 보통 네댓 번 정도 수정하면 광고주에게 보여줘도 괜찮을 정도의 카피가 나오네. 하지만 내가 정성들여 쓴 카피를 광고주가 수정하라고 하면 굉장히 화가 나.

이 모든 과정이 지난하고 어려운 업무들이야. 아마 다른 카피라이터들은 더 훌륭한 기술을 가지고 있겠지.

1955년 4월 19일

친구 오길비

은퇴, 하지만 내겐
아직도 일이 남아 있다

오길비 앤 매더의 회장직에서 물러난 오길비는 망설이지 않고 프랑스 고
성 샤또 드 투푸의 자택으로 돌아갑니다. 느긋하게 은퇴 생활을 즐기려고
요. 그런데도 계속 세계 각지에서 이런 저런 요청이 들어와서 쉴 틈이 없
었어요. 오길비 앤 매더의 중요한 의사결정에도 꾸준히 참여할 수밖에 없
었죠. 오길비는 이미 오길비 앤 매더 그 자체였으니까요.

프랑스 고성에서 찾은 행복

1973년에 오길비는 오길비 앤 매더의 회장직에서 물러났습니다. 갓 회갑을 넘긴 나이였죠. 오길비는 망설이지 않고 프랑스의 고성 샤또 드 투푸Château de Touffou 자택으로 돌아갑니다. 12세기에 지어진 방 열두 개짜리 투푸 성은 강이 내려다보이는 언덕 위에 자리잡고 있어서 프랑스 전원의 아름다움을 즐기기엔 더없이 좋은 곳이었죠. 오길비는 뉴욕에서 열심히 번 돈을 이 성을 사고 수리하고 장식하는 데 아낌없이 쏟아부었어요.

이곳에서 오길비는 스물다섯 살 연하의 헤르타 랑스를 만나 사랑에 빠졌어요. 그리고 세 번째 결혼을 하죠. 헤르타는 자기중심적이던 오길비를 따뜻한 남편으로 바꾸어 놓았어요. 오길비는 뒤늦게 찾아온 평화로운 가정에서 행복한 시간을 보내는 즐거움에 흠뻑 젖어들었죠.

하지만 세상은 그를 쉽게 놓아주지 않았어요. 오길비는 그가 세우고 키워낸 세계적인 광고회사 오길비 앤 매더 그 자체이기도 했으니까요. 회사와 오길비와의 서신 왕래가 끊임없이 이어졌어요. 한적한 프랑스 시골에서 갑자기 편지가 너무 많이 오가게 되니, 우편배달부의 월급을 올려줘야만 했다고 하네요.

오길비는 한시적으로 오길비 앤 매더 국제 크리에이티브 총괄

은퇴 후 오길비가 살았던 프랑스 고성 샤또 드 투푸.

오길비가 은퇴 후 쓴 자서전
《피, 두뇌, 그리고 맥주》.

책임 이사직을 맡아서 지사의 일을 도와주거나 전 세계를 다니면서 강의를 했어요. 1980년대에는 오길비 앤 매더의 인도나 독일 지사의 지사장을 잠깐 맡기도 해요. 세계 여러 나라의 오길비 앤 매더 지사를 여행 삼아 돌아보기도 했어요.

은퇴 후 자신의 삶을 되돌아보며 진솔하게 쓴 자서전인 《피, 두뇌, 그리고 맥주Blood, Brain and Beer: An Autobiography of David Ogilvy》를 1978년 출판하기도 했죠.

은퇴 후에 더욱 바빠진 나날들

오길비가 은퇴한 후에도 오길비 앤 매더는 계속 번창해나갑니다. 1970년대 내내 유럽과 라틴 아메리카에 네트워크를 구축해 세계에서 세 손가락 안에 드는 광고회사가 되었어요.

오길비도 유럽, 캐나다, 남아프리카뿐만 아니라 아시아에서까지 제일 유명한 광고인이 되었죠. 1982년 제13회 아시아광고대회AdAsia에서 광고업계 전문지 〈광고 시대Advertising Age〉는 오길비가 "광고계의 왕으로 등극할 날이 머지않았다"고 선언했어요. 1982년에 프랑스 경제지 〈엑스팡시옹〉은 산업혁명에 가장 큰 기여를 한 30명을 거명하면서 토머스 에디슨, 알베르트 아인슈타인, 존 메이너드 케인스, 아르레트 크루프, 레닌, 카를 마르크스 다음의 일곱 번째 자리에 데이비드 오길비를 거론하며 "현대 광고의 교황"이라고 설명했어요. 오길비는 동료 이사들에게 이 사실을 알리면서 "추기경단이 교황을 임명하러 올까요?" 하는 농담을 던지기도 했어요. 1983년에는 《광고 불변의 법칙》을 출간했어요. 기존의 광고 입문서를 능가하는 다양한 내용으로 구성한 이 책도 베스트셀러 반열에 올랐죠. 오길비의 75세 생일을 맞이해 모인 만찬 자리에서 기자가 이렇게 물었죠.

"아직 이루지 못한 것이 있다면 무엇인지요?"

"기사 작위, 그리고 아이가 10명 있는 대가족."

오길비는 마치 준비했다는 듯이 이렇게 대답했어요.

"기사 작위 이상으로 많은 업적을 남기셨는데요."

"기사 작위는 정말 명예로운 것이니까요. 그리고 아이들을 많이 낳고 싶었는데 그러지 못했어요. 아들 한 명이죠."

"광고를 안 했다면 어떤 일을 하셨을 거 같아요?"

"아마 평생 아르바이트를 하며 임시직으로 살지 않았을까 싶어요. 성미가 급해 어디 한군데 오래 머물지 못했을 것 같아요."

그런데 자기 뜻대로 되지 않는 것이 인생이라고 하죠. 우리 앞에 갑자기 어떤 일이 닥칠지 모르니까요. 사소한 것 같은 결정 하나가 인생을 180도 바꾸는 경우도 있어요. 인생의 황금기를 오랫동안 누려온 오길비의 경우도 마찬가지였어요.

자식 같은 회사를 잃고

1980년대 초반부터 미국의 대형 광고회사끼리 서로 사고파는 기업의 매수 합병 바람이 불었어요. 많은 광고회사가 옴니콤 그룹, 인터퍼블릭 그룹, WPP 그룹이라는 3개의 광고회사 집단으로 재편되어 나갔어요. WPP 그룹의 창업자 마틴 소렐Sir Martin Sorrell 회장이 오길비 앤 매더의 주식을 사들이기 시작하자 오길비는 긴장감을 느끼기 시작합니다. 오길비는 이사회를 열고 여러 차례 대책회의를 열었어요. 소렐과도 별도로 만나 오길비 앤 매더를 팔 생각이 없음을 분명히 했죠. 한번 목표를 정하면 좀처럼 물러서지 않는 소렐은 파격적인 제안을 합니다.

"현재 주가의 두 배를 주겠어요."

하지만 소렐이 제안하기 2주 전에, 오길비는 불안한 마음에 자신의 모든 주식을 팔아버렸어요. 엄청난 돈을 손해본 거예요. 평생 돈에 집착했지만, 금융이나 투자 분야에는 어두웠던 그의 단면이 분명하게 드러나는 대목입니다.

1989년 5월 16일, 오길비 그룹은 영국계의 WPP 그룹에 8억 6400만 달러에 팔렸어요. '광고의 아버지'라 불리던 오길비는 개인적인 감정을 잔뜩 섞어 마틴 소렐 회장을 '가증스런 똘마니'라고 비난했어요. 광고회사 사치 앤 사치Saach & Saach의 최고재무책임

은퇴 후의 오길비.

자CFO 출신으로 재무 관리에 뛰어난 소렐은 정확히 말해서 광고를 제작하는 광고인이라고 할 수는 없었죠. 1987년 제이월터톰슨 JWT 인수를 시작으로 오길비1989년, 영 앤 루비컴2000년, 그레이2005년, TNS2007년까지 세계적인 광고 커뮤니케이션 회사들을 연거푸 인수한 사업가에 가까웠으니까요.

합병 이후 많은 임직원이 떠나갔어요. 최고의 광고를 만들겠다는 열정으로 가득 찼던 회사가 크리에이티브보다 광고 매출액을 중시하는 방향으로 바뀌는 걸 보고 오길비는 가슴 아파했어요. 하지만 어쩔 수 없었죠.

그런데 놀랍게도 오길비는 나흘 뒤인 1989년 5월 20일, 마음을 바꿔 소렐이 제안한 WPP 회장직을 수락합니다. 샤또 드 투푸를 사고 수리하느라 큰돈을 써버린 터라 오길비의 수중에 돈이 없었기 때문이죠. 자신이 죽은 뒤에도 아내 헤르타가 다른 곳으로 쫓겨가지 않고 집에서 계속 살아갈 수 있기를 바랐던 일흔여덟 살의 오길비로서는 달리 선택할 길이 없었을 거예요.

하지만 그 자리는 어디까지나 몇몇 대외관계를 위한 얼굴뿐인 명예직이었어요. 의결권이 없어서 아무런 권한이 없었거든요. 그마저도 1993년에 해임되고 말았어요. '광고의 아버지'의 마지막 순간 치고는 굴욕적인 장면이었죠.

주말마저 반납하고 일에 몰두해 눈부신 성공작을 잇따라 만들어내고 오길비 앤 매더를 최고의 광고회사로 끌어올렸던 오길비의 인생에서 회사는 자식이나 마찬가지인 존재였어요. 그 귀한 자식을 소렐에게 난폭하게 빼앗겼다고 생각한 오길비는 시름시름 앓게 되었죠. 1997년, 알츠하이머병으로 정신을 놓은 후부터는 산소 호흡기에 의존해 생명을 연장했어요.

1998년, 세계 100여 개국의 356개 사무소에서 오길비 앤 매더의 창사 50주년 축하 행사가 동시에 열렸어요. 이미 정신이 혼미해진 오길비는 그저 말없이 그 장면을 바라보았죠. 광고주 하나 없이 시작했던 회사가 50년 만에 놀랍게도 356개의 사무소로 늘어났어요. 물론 재산권 차원에서는 이미 오길비의 광고회사는 아니었지만 회사 이름에 여전히 오길비를 쓰고 있었으니 그의 정신은 여전히 살아 있다고 해야겠지요.

오길비는 1999년 7월 21일, 샤또 드 투푸에서 생을 마쳤어요. 세 번째 부인 헤르타 랑스, 아들 데이비드 페어필드 오길비, 며느리 쿠키 오길비가 지켜보는 가운데.

"가족에게 보여주고 싶지 않은 광고는
절대로 만들지 마십시오.
당신은 아내에게 거짓말하고 싶지 않을 것입니다.
저도 아내에게 그렇게 하지 않습니다."

오길비

오길비를
성공으로 이끈 원동력

다양한 경험에서
배워라

오길비는 귀족의 후손으로 태어났지만 어린 시절에는 가난하게 자랐어요. 대학도 중간에 그만두었죠. 그 후 오길비는 호텔의 요리사, 부엌용 스토브 세일즈맨, 광고회사 수습사원, 여론조사 회사 조사원, 농부, 대사관 직원 등 실로 다양한 직업을 전전했습니다. 명석한 두뇌를 지닌 오길비는 다양한 경험을 흘려보내지 않고 자신의 능력을 업그레이드해서 광고 인생의 밑거름으로 삼았어요.

좋은 광고는 경험에서 나온다

프랑스 파리의 마제스틱 호텔 주방장 피타흐 씨의 가르침대로, 오길비는 자신이 맡은 일을 정말 소중하게 생각했어요. 다른 광고 회사들이 어떻게 광고하는지 샅샅이 조사하고, 제품에 대해 알아야 할 것은 철저하게 파악했어요. 그런 다음에 비로소 카피를 쓰기 시작했어요.

아가 쿠키를 팔던 외판원 시절, 오길비는 제품 하나를 파는 데 대략 3000단어를 동원해 40분 정도가 걸린다는 사실을 알게 되었어요. 군더더기를 걸러 내고 핵심만 강조하는 그의 카피 스타일은 이때 갈고 닦은 거예요.

광고회사 매더 앤 크라우더에 수습사원으로 입사해, 500달러짜리 광고주를 위해 호텔을 소개하는 우편엽서를 만들어 부유한 소비자들한테 보내 성공한 경험은 오길비에게 우편주문 광고에 대한 믿음을 심어주기에 충분했어요.

이런 믿음은 여론 조사 회사 갤럽 시절을 거치며 확신으로 이어지게 됩니다. 오길비는 갤럽에서 직관이나 감이 아닌 자료 분석의 중요성을 확인했어요.

"우편주문 광고주는 판매를 광고에만 의존해야 합니다. 광고가 나간 후 며칠만 지나도 그 광고가 효과가 있는지 없는지 바로 알

오길비를 성공으로 이끈 원동력

게 됩니다. 그래서 지난 27년 동안 저는 우편주문 광고를 어떤 식으로 만드는지 주목해왔습니다."

오길비는 오길비 앤 매더에 우편주문 광고Direct Mail 전담 부서를 설치하고 그 사실을 광고했어요. 이 광고는 얼핏 보면 마치 신문의 1면처럼 보이는데, 광고주들로부터 호평을 받았죠. 광고주는 바로 효과를 알아볼 수 있는 우편주문 광고에 큰 기대감을 가지고 있었으니까요.

"좋은 광고는 경험으로부터 나온다."

오길비는 이런 메모를 직원들에게 자주 전달했어요. 이 말처럼 실제로 오길비는 많은 경험을 했어요. 여러 가지 직업을 거쳤고, 여러 분야의 사람들을 만났어요. 그는 자신의 경험을 그냥 흘려보내지 않고 나중에 가서 광고를 만드는 데 모두 활용합니다. 경험에서 많은 것을 배운 셈이죠.

여러분도 지금 자신이 경험하고 있는 것을 함부로 흘려보내지 마세요. 좋은 경험이라면 더더욱 좋겠지만, 좋은 경험이든 나쁜 경험이든 언젠가 자신이 정말 하고 싶은 일을 본격적으로 시작할 때 소중한 밑거름으로 삼도록 해보세요.

우편주문 광고 전담 부서의 설치를 알린 안내 광고.

몰입의 힘

오길비는 자신이 광고인의 자질이 있다는 것을 깨달은 다음부터 광고에 몰입하고, 원칙을 지키며 정면으로 승부해 광고계의 거장이 되었어요. "정신 의학자들은 모든 사람들이 취미를 가져야 한다고 말합니다. 제가 추천해 드리는 취미는 광고입니다."라고 고백하기도 했어요. 오길비는 광고를 자신의 천직으로 삼기 위해 잠시도 쉬지 않고 몰입했던 거죠.

아이디어가 떠오르면 바로 메모하라

카피라이터나 광고 창작자로서 오길비의 전성기는 1950년대에서 1960년대에 이르는 약 10여 년 동안입니다. 오길비는 그 10년 동안에 자신의 모든 것을 탕진할 정도로 몰입했다고 고백했어요.

그는 어느 자리에나 메모지를 가지고 다니며 아이디어가 떠오르면 즉시 메모를 했어요. 도움이 될 만한 기사도 꾸준히 스크랩했어요. 아이디어가 태풍처럼 몰려올 때면 몇 시간 동안이고 메모했어요. 약속을 깜박 잊어버릴 때도 있었죠. 중간에 누가 불러도 듣지 못해서 대답도 하지 못했어요.

좋은 인재를 뽑아라

1965년 어느 날, 오길비는 오길비 앤 매더의 여러 지사에 마트료시카 인형을 보냅니다. 인형을 열면 작은 인형이 나오고 다시 그 인형을 열면 더 작은 인형이 나오는 러시아의 전통 목각 인형 말이죠. 가장 작은 인형 속에 다음과 같은 메시지를 써 넣었어요.

"만약 언제나 당신보다 못한 사람들만 뽑는다면, 우리는 난쟁이 들의 회사가 될 것입니다. 만약 그와 반대로 언제나 당신보다 나은 사람들을 뽑는다면 우리는 거인들의 회사가 될 것입니다."

오길비 앤 매더는 인재를 중시하는 것으로 유명합니다. 회사를 창립한 직후부터 광고에 능력 있는 인재를 꾸준히 선발했어요. 오길비는 뛰어난 사람을 찾게 되면, 채용하는 사람보다 연봉을 더 많이 지급해서라도 그를 뽑아야 한다고 했어요. 물론 쉽게 사람을 채용하지도 않았지만, 오길비는 입사한 직원들의 능력을 높이기 위해 많은 교육을 실시하고 거기에 엄청난 교육비를 투자했답니다. 나무를 키우듯이 좋은 인재를 골라 능력을 키우는 데 오길비는 자신의 열정을 바친 거죠. 그렇게 몰입하는 열정이 오길비를 성공으로 이끌었답니다.

경험을 체계화하라

오길비는 현장에서 배운 것들을 자신의 일에만 활용하지 않고 글로 남겼어요. 이론화하고 체계화해서 널리 알리고 인재를 키우는데 도움을 주었어요.

아가 쿠커 세일즈맨 시절에는 판매 비결을 〈아가 쿠커 판매의 이론과 실제〉라는 팸플릿에 담았어요. 다른 세일즈맨들을 돕기 위해서였죠.

아트 디렉터즈 클럽에서 특강을 할 때는 그때까지 보고 경험한 좋은 레이아웃의 원칙을 체계화해서 〈좋은 레이아웃을 위한 규칙 39가지〉라는 팸플릿을 만들어 아트 디렉터들에게 큰 호응을 얻었어요.

크리에이티브 혁명을 이끌던 1962년에는 여름 휴가를 내고 《어느 광고인의 고백》이라는 책을 써서 그 안에 그가 얻은 경험과 원칙을 담아냈어요. 이 책을 통해서 오길비는 광고 현장과 광고 이론을 통합하고 전 세계 광고인들, 광고 지망생들에게 깊이 영향을 미쳤어요. 말하자면 광고학의 교과서를 쓴 거예요. 당대 최고의 광고인이 자신의 생생한 경험을 바탕으로 비즈니스 철학, 크리에이티브 디렉팅의 유형, 마케팅 글쓰기 원칙, 창조적 리더의 조건, 카피 쓰는 법 등 광고에 대한 탄탄한 이론과 법칙을 책으로 써냈으니, 주먹구구식으로 전해오던 광고의 모든 원칙이 이 작은 책에 고스란히 담긴 거예요. 그래서 사람들은 그를 '광고의 아버지'라고 부르기 시작했죠.

1983년에 쓴 《광고 불변의 법칙》도 《어느 광고인의 고백》과 마찬가지로 광고를 공부하는 젊은이들에게 큰 영향을 미쳤어요.

오길비를 성공으로 이끈 원동력

좋은 경쟁자를
만들어라

'프레너미(Frenemy)'란 친구라는 뜻의 프렌드(friend)와 적을 뜻하는 에너미(enemy)를 합쳐 만든 신조어입니다. 협력하면서 경쟁하는 관계를 말하겠죠? 오길비와 번벅은 요즘 말로 하자면 프레너미 관계였죠. 오길비와 번벅은 같은 해에 태어나 같은 해에 광고회사를 시작했고 똑같이 카피라이터로 명성을 얻었어요.

크리에이티브 혁명을 주도한 라이벌, 오길비와 번벅

오길비가 전통과 규범을 중시하는 영국 스코틀랜드 지방에서 엄격한 귀족 교육을 받고 자라다 대학을 중퇴한데 비해, 번벅은 자유를 중시하는 미국 뉴욕의 평범한 중산층 가정에서 자랐어요. 번벅은 유태인이었지만 당시에 슬럼가였던 뉴욕의 브루클린에서 태어났고, 대학에 진학해 문학을 전공하고 취미로 피아노를 연주하기도 했어요. 음악, 철학, 경영학에도 관심이 많았어요.

오길비의 아버지는 몰락한 귀족 출신이자 고전 학자였는데, 무척 보수적이었고 자식 교육을 엄격하게 했어요. 이에 비해 번벅의 아버지는 여성용 의상패션 디자이너였어요. 아버지는 번벅을 어릴 때부터 자유분방한 상태로 방목하다시피 놔두었어요. 번벅은 집이 너무 가난해서 중간 이름을 가질 수 없었다는 농담을 자주 하곤 했어요. 부유한 형편은 아니었지만 그의 아버지는 우아한 여성복 디자이너라는 점에 자부심을 느꼈다고 해요. 번벅의 아버지가 의상 디자이너였다는 사실과 여성의류 백화점 오박Ohrbach's이 그의 첫 번째 광고주였다는 점은 우연으로만 볼 수 없는 어떤 필연이 있었던 것 같아요.

이런 성장 배경은 두 사람의 광고 철학에도 영향을 미치게 됩니다. 오길비는 광고의 원칙을 중요시하고 번벅은 광고 표현의 자유

오길비를 성공으로 이끈 원동력

를 중시했어요.

오길비는 귀족 출신답게 제품을 고급스럽게 표현하는 데 능했어요. 그가 주창한 브랜드 이미지 이론을 살펴보면 해당 상표를 어떻게 하면 더 고급스럽게 돋보이게 하는지가 중요합니다. 그는 언제나 제품에 최상급의 이미지를 부여하려고 했어요. 롤스로이스, 메르세데스 벤츠, 페퍼리지 팜, 도브 비누 광고에서도 '고급' 브랜드의 이미지가 물씬 풍깁니다.

그렇지만 번벅이 맡아 성공했던 광고들은 대개 고급품이 아니었어요. 오길비가 최고급 승용차인 롤스로이스나 메르세데스 벤츠로 명성을 얻었을 때, 번벅은 작고 실용적인 국민차였던 '딱정벌레' 폭스바겐으로 명성을 얻었어요. 오길비가 해서웨이 셔츠 광고에서 안대를 한 모델을 써서 고급스런 제품 이미지를 만드는데 성공했을 때, 번벅은 저가의 여성의류 백화점인 오박의 소박한 광고로 명성을 얻었어요. 번벅을 유명하게 만든 레이비 호밀 빵 광고, 자메이카 광고, 콜롬비안 커피 광고, 엘알 항공 광고, 에이비스 렌터카 광고들은 모두 작고 볼품없는 서민들의 브랜드였어요.

광고는 과학일까, 아니면 예술일까?

두 사람은 평생 논쟁을 많이 벌였어요.

"광고에 법칙이 있다는 오길비의 주장은 엉터리다."

"나는 광고를 예술이라고 하는 번벅의 생각에 단연코 반대한다. 소비자가 광고 상품을 살 것인지의 여부를 결정하는 것은 광고의 내용이지 그 형식이 아니다."

1945년, 광고회사 그레이Grey Advertising의 카피라이터로서 광고계에 입문한 번벅은 나중에 자신의 광고 철학을 작성해 회사 경영진에게 보냅니다.

"(…) 광고는 기본적으로 설득이며 그 설득은 결코 과학에 의해서가 아니라 예술에 의해 일어나는 것입니다. 제가 우리 회사에서 갈망하는 것은 크리에이티브의 불꽃입니다. 저는 그것을 잃어버릴 것 같은 절망감에 사로잡혀 있어요. 저는 학자를 원하지 않습니다. 과학자를 원하지도 않습니다. 저는 일을 판에 박힌 듯이 잘하는 사람보다 사람을 자극하는 사람을 원합니다. 지난해 약 80여 명의 카피라이터와 아트디렉터를 만나보았습니다. 그들 중에 상당수는 소위 말하는 광고업계의 거장들이었지만 크리에이티브의 천재는 정말 찾아보기 어려웠습니다. 분명 그들은 광고의 노하우가 있었습니다. 광고 기술도 충분했어요. 그러나 기술의 밑바닥에 무엇이 있을까요? 똑같아요. 정신적인 나약함. 아이디어의 평범함. 그러나 그들은 모든 광고를 그들이 신봉하고 있는 광고의 법칙에 기초해서 방어합니다. 그것은 예수님 대신 예배를 더 숭배하는 것과 마찬가지죠. (…) 정말 우리가 앞서가려면 독특한 개성으로 주목받아야 합니다. 우리 스스로의 철학을 개발하고 타인이 우리에게 강요하는 광고 철학을 버려야 합니다. 우리 광고의 새로운 길을 열어 다른 사람들에게 보여줍시다. 그리고 광고계에서 제시한 좋은 취향, 뛰어난 아트, 뛰어난 카피가 판매력을 높인다는 것을 증명해 보입시다." 《빌 번벅이 말하기를》

두 사람은 죽을 때까지 자신들의 입장을 바꾸지 않았어요. 그렇다면 번벅에 대해 오길비는 어떻게 평가했을까요? 번벅이 죽은 다음에 쓴 이 글은 오길비가 번벅을 얼마나 마음속으로 존경했는지를 보여줍니다. 미운 정도 스며 있고 고운 정도 녹아 있어요.

"번벅은 언제나 능력 있는 사람이 마음껏 기량을 발휘할 수 있는 분위기를 만들어내었다. 나에게는 아주 시원찮은 카피를 써준 어떤 여성 카피라이터가 번벅에게는 아주 훌륭한 카피를 써주었다. 그는 자기 회사에서 만든 광고에 대해 대단한 자부심을 갖고 광고주를 설득했던 무척 완고한 성격의 소유자였다.
그는 내 생각과 마찬가지로 뛰어난 아이디어를 잘 실행하는 것이 광고 성공의 열쇠라고 생각했다. 그는 독창성을 무척이나 중시했지만 조사는 크리에이티브의 적이라며 늘 비난했다. 이는 어떤 광고주들을 화나게 했지만 광고 창작자들은 그를 우상으로 생각했다. 나는 그의 훌륭한 캠페인 중에서 폭스바겐과 에이비스 캠페인을 가장 높이 평가한다. 그는 원칙적인 규율만 지키도록 강요했던 광고에서는 별로 성공하지 못했다. 그가 나처럼 가정방문 세일즈맨으로 출발했더라면 좀 덜 고상한 광고를 만들지 않았을까 싶다.(…)

내가 알기로 번벅은 '머리가 좋은 신사'의 한 사람이었다."《오길비의 광고》205쪽.

오길비와 번벅은 제품 중심의 광고를 주장하면서도 브랜드 이미지의 중요성을 일깨워줌으로써 '이미지 광고'라는 광고의 새로운 문을 열었습니다. 친구이자 경쟁자로서 서로를 의식하며 자신의 확고한 철학을 바탕으로 자기만의 길을 뚜벅뚜벅 걸어갔기 때문에 가능한 일이었어요. 이와 같은 '프레너미Frenemy'의 관계가 오길비를 잠시의 성공에 안주하지 않고 계속 발전하게 만드는 원천이 되었어요.

게으름은
성공의 적

어떤 분야나 마찬가지겠지만 게으름은 성공의 적입니다. 오길비는 더 좋은 광고를 만들기 위해 정말로 철저하게 일했어요. 아침 일찍부터 밤늦게까지 일하고 주말에도 일했던 그는 퇴근길에도 서류 가방 세 개에 일거리를 잔뜩 들고 가기 일쑤였어요. 그는 누구보다 열심히 일했고 자기만큼 열심히 일하는 사람들을 좋아했어요.

열심히 일하는 것이 나의 인생을 구원한다

오길비는 열심히 일하는 사람들은 그렇지 않은 사람들과 함께 일하는 것만으로도 방해가 된다고 생각했어요. 열심히 일하지도 않고 똑똑하지도 않은 사람들을 해고하기도 했어요. 하지만 의외로 소심한 구석이 있던 오길비는 자신이 휴가를 간 사이에 그 직원들을 해고하도록 지시했어요.

"오길비는 게으른 것을 거의 광적으로 싫어했습니다."

"내가 만나본 사람 중 오길비가 가장 부지런했어요. 그의 광고 철학은 나태에 대한 혐오로 가득해요. 게으른 사람들은 평범한 것을 받아들이는데, 오길비는 그런 걸 정말 혐오했어요."

유명한 앵커인 월터 크롱카이트는 뉴욕에서 오길비의 옆집에 살았는데, 오길비가 밤마다 창가 책상에서 몇 시간이고 일하는 모습을 보았다고 얘기했어요.

아침이면 모든 편지에 답장이 다 쓰여 있었고 계획들도 정리되어 있었고 직원들에게 보낼 메모도 준비되어 있었죠. 오길비는 지칠 줄 모르고 저녁 7시까지 사무실에서 일했고 미처 다 마무리하지 못한 일은 서류 가방에 가득 싸서 집에 가져갔어요. 그는 주말이 차분하게 일을 더 하기 위한 날이지 놀기 위한 날이 아니라고 생각했어요. 그는 이사들에게 이런 메모를 보낸 적도 있어요.

오길비를 성공으로 이끈 원동력

"이번 주말에 저는 서류 375쪽을 검토했습니다. 웰링턴 공은 일을 다 끝내기 전에는 집에 가는 법이 없었답니다."

게으른 생활태도를 혐오하고 부지런하게 살아야 한다는 그의 생각은 그가 남긴 어록에도 고스란히 남아 있어요.

"열심히 일한다고 사람이 죽는 것은 아니다. '무료함이 사람을 죽일 수 있다'는 스코틀랜드 격언을 명심하라."
"내가 직원들보다 더 오랫동안 일한다면, 직원들은 야근을 덜 꺼려할 것입니다."
"야근과 주말 근무를 자주 하는 광고회사가 더 활기차고, 더 성공하며, 이익도 더 많이 냅니다."

광고회사를 비롯한 창의적인 분야에서 일하려면 밤늦게까지 일하는 것을 예사로 여길 줄 알아야 합니다. 하지만 입시 공부에 비하면 야근도 그리 어려운 일이 아닙니다. 자신이 낸 아이디어가 TV나 신문에 나간다고 생각해보세요. 거기다가 월급까지 받으면서요. 광고인들은 어떻게 하면 더 좋은 아이디어를 얻을 수 있을지를 고민하며 뜬눈으로 밤을 새는 경우가 종종 있는데, 오길비는 이런 장면을 가장 광고인다운 모습이라고 했어요.

"신규 광고주를 영입하는 가장 좋은 방법은 기존 광고주들을 위해 다른 광고주들이 매력을 느낄 만한 광고를 만들어내는 일입니다. 우리 회사에서는 신규 광고주 개발 팀이 따로 없습니다."

게으른 생활 태도를 가지고 좋은 광고를 만들 수 있을까요? 시간을 아껴 부지런히 광고에 정진했던 게 오길비의 성공 요인의 하나였음은 분명합니다.

위대한 외과 의사와 보통 외과 의사의 차이점

오길비에게는 영국 국왕의 주치의였던 친구가 있었어요. 어느 날 오길비는 친구에게 위대한 외과의사는 뭐가 다르냐고 물어보았어요. 친구는 이렇게 대답했죠.

"위대한 외과의사는 지식의 정도가 다르지. 다른 외과의사보다 더 많이 알거든. 수술 중에도 예상하지 않았던 뭔가를 찾아내고, 그걸 밝혀내며, 그걸 어떻게 해야 하는지 아는 힘이지."

오길비는 자기 친구의 사례를 자주 얘기했어요. 광고하는 사람들도 마찬가지로 지식을 습득하는 데 있어서 게을러서는 안 된다고 말이죠. 오길비는 공부도 하지 않고, 더 좋은 광고를 만드는 일에도 관심을 기울이지 않는 풋내기 아마추어들은 꼴도 보기 싫다고 했어요.

재능 기부와
사회봉사

오길비는 자신이 영국의 전통 있는 집안의 자손이라는 점을 늘 잊지 않았어요. 이스트본의 도더보이스 홀, 페티스 칼리지, 옥스퍼드대학교로 이어지는 영국 최고의 엘리트 교육도 받았어요. 그래서 광고인으로 성공한 다음 노블레스 오블리주에 관심이 많았어요. 자신의 능력을 활용해서 사회에 기여를 하려고 노력했어요.

광고로 세상을 이롭게 하라

노블레스 오블리주Noblesse Oblige라는 말은 '명예와 의무'라는 뜻의 프랑스어인데, 과거 로마제국 귀족의 높은 도덕의식과 솔선수범 하는 공공 정신에서 비롯됐어요. 스코틀랜드 귀족 가문에서 태어 나 귀족들이 받는 엘리트 교육을 받은 오길비는 광고인으로 성공 하면서부터 어떻게 하면 재능 기부나 사회봉사를 할 수 있을지를 자주 생각했어요.

1958년부터 1960년까지 오길비는 맨해튼 링컨센터의 공공참여 위원회 의장으로 봉사합니다. 링컨센터는 미국 뉴욕의 링컨 광장 에 록펠러 재단의 주최로 기금을 마련, 오페라·음악·뮤지컬·연 극 등의 각 극장을 한 곳에 모아 공연예술 센터로 기획한 것인데, 오길비는 공공 참여회의 회장으로서 이 대형 공연장 건설을 위한 기금 모금에 힘썼죠. 링컨센터는 1962년에 개관해 오늘날 문화예 술 공연의 메카가 되었어요.

오길비는 1968년부터 흑인대학기금연합의 회장으로 봉사했고, 1975년부터는 세계야생동물보호기금 실행위원회에 이사로 참여 해 열심히 활동해서 나중에는 총재로 선출됩니다.

오길비를 성공으로 이끈 원동력

사람들을 감동시킨 오길비의 재능

오길비는 공익 단체들을 위해 무료로 지면이나 방송 시간, 광고 제작을 지원하기도 했어요. 세계야생동물보호기금, 뉴욕필하모니오케스트라, 흑인대학기금연합, 시에라클럽 등 여러 기관이나 단체가 오길비 앤 매더로부터 공익광고의 지원을 받았어요.

1957년, 뉴욕필하모닉은 좌석의 절반밖에 채우지 못하고 있었어요. 오길비는 〈뉴욕 타임스〉의 한 면 전체를 사서 다가올 시즌의 프로그램을 넣어 광고했어요. 그 후 좌석 모두가 꽉 차는 이변이 벌어졌어요. 오길비는 세계야생동물보호기금이 5년 동안 16개국에서 650만 달러가 넘는 무료 광고를 지원받을 수 있도록 회사 차원에서 대단한 노력을 기울였어요.

"세계야생동물보호기금 광고를 통해 접수된 현금 기금은 생각보다 많지는 않았지만, 이 광고의 진짜 목적은 개인적으로 기부하고 싶은 생각이 들도록 대중의 마음을 민감하게 하는 데 있었다." 《광고 불변의 법칙》

"판다를 살릴 수 있도록 도와주세요"라는 헤드라인은 대중이 기부에 참여하도록 촉구하는 감동적인 메시지입니다.

The New York Philharmonic-Symphony

ANNOUNCES ITS PROGRAMS FOR THE NEXT 14 WEEKS!

PROGRAMS — January 24, 1957 to May 12, 1957

뉴욕필하모닉 광고.

세계야생동물보호기금 광고
'살려주세요' 편.

《뉴욕 타임즈》에 게재된 2쪽짜리 세계야생동물보호기금 광고.

오길비는 이런저런 사회봉사 활동과 광고업계에서의 성취를 바탕으로 여러 가지 명예를 얻습니다. 1961년에 '카피라이터 명예의 전당'에 헌액* 되었고, 1967년 영국 엘리자베스 여왕으로부터 대영제국 공로훈장을 받았어요. 1977년에는 아델피대학교에서 그에게 명예 문학박사 학위를 수여했고, '미국광고 명예의 전당U.S. Advertising Hall of Fame'에도 이름을 올렸어요. 그리고 1979년에는 '미국 비즈니스 명예의 전당U.S. Business Hall of Fame'에 '위대한 성취'로 헌액되고, 1990년에는 프랑스 정부로부터 '문예훈장'을 받았어요.

오길비의 재능 기부와 사회봉사는 성공한 광고인의 사회적 책임을 보여준 본보기라고 할 수 있어요. 노블레스 오블리주 정신은 오길비를 성공으로 이끈 원동력의 하나가 되었습니다.

---

* **헌액(獻額)** 공을 인정받아 명예로운 자리에 이름을 올리는 것.

나도 오길비처럼
광고인이 되고 싶어요

광고의 세계가 궁금해요!

광고는 어떻게 만들어지나요?

광고는 어떤 과정을 거쳐 만드는 것일까요?

189쪽의 그림은 광고주가 어떤 광고를 만들고 싶다며 광고회사 사람들에게 오리엔테이션을 하는 출발점에서부터, 만든 광고가 TV나 신문 같은 미디어에 노출되기까지의 전 과정을 인쇄 광고와 TV 광고 위주로 정리한 것입니다.

인쇄 광고를 만드는 과정과 TV 광고를 만드는 과정은 약간 달라요. 어떻게 다른지 서로 비교해서 살펴보기로 해요.

▶ 인쇄 광고

먼저 광고 기획팀과 광고 제작팀 사이에 합의된 크리에이티브 콘셉트를 바탕으로 인쇄 광고 아이디어 발상에 들어갑니다. 디자이너는 디자이너대로, 카피라이터는 카피라이터대로 각각 아이디어 스케치를 하거나 초벌 카피를 작성해서 전체 회의를 한 다음, 아이디어가 결정되면 실제 작업에 들어갑니다. 제작팀과 기획팀 간의 전체 회의를 거쳐서 아이디어의 실현 가능성, 예산 여부, 납기 문제 같은 아이디어의 채택 여부가 결정되면, 그 이후 제작팀에서는 모델 선정, 촬영 장소 헌팅 문제, 외주처 선정 방법 같은 광고물의 완성 과정에 필요한 여러 가지 사항들을 하나하나 꼼꼼히 점검해 나가요.

이 과정이 끝나면 상품이나 모델의 사진 촬영을 하고, 디자이너는 이미 확정된 초벌 스케치를 바탕으로 컴퓨터를 이용해서 광고 레이아웃을 해요.

디자이너의 손을 거쳐 완성된 인쇄 광고 시안은 교정지로 출력해서 교정을 거쳐 틀린 곳을 수정한 후 인화지나 필름 상태로 광고를 게재할 신문사나 잡지사에 보내서 인쇄합니다.

▶ TV 광고

인쇄 광고의 제작 과정과 마찬가지로 광고 기획팀과 광고 제작팀 사이에 합의된 크리에이티브 콘셉트를 바탕으로 TV 광고의 아이디어 발상을 시작해요. 이 과정에서 전략이 과연 올바른지, 전

나도 오길비처럼 광고인이 되고 싶어요

략의 타당성과 광고전략을 검증하지요.

그다음에 카피라이터와 프로듀서, 또는 CM기획자CM Planner가 각각 아이디어 발상에 들어가요. 각자가 낸 아이디어를 놓고 어떤 아이디어가 좋은지 평가하여 최종 아이디어가 결정되면, 스토리보드 초안을 그리고 카피를 써서 광고회사 내부에서 최종적인 크리에이티브 리뷰 과정을 거쳐요.

리뷰 과정에서 스토리 보드의 문제점을 보완해 최종 스토리 보드를 완성하면 광고주에게 프레젠테이션을 해요. 이 단계에서 스토리보드를 다시 한 번 평가하고, 어떤 모델을 쓸 것인지, 모델의 의상은 어떻게 할 것인지, 촬영은 언제 어디에서 할 것인지, 전체적인 제작비는 얼마인지 같은 세세한 내용을 광고주와 광고회사 담당자들이 협의합니다.

세부 계획 합의가 끝나면 촬영 감독을 선정하고, 촬영 감독이 작성한 구체적인 촬영 콘티를 가지고 광고주, 광고회사, 제작사 관계자들이 모여 제작 전 사전 협의PPM, Pre Production Meeting를 합니다. 이때 모델료, 연출료, 녹음료, 성우료, 편집료, 헌팅비, 조명료, 식비 같은 제작에 필요한 구체적인 비용을 제시하고 제작비 견적서에 대해 합의합니다. 이 모든 과정을 거쳐 실제 촬영에 들어가고 촬영을 마친 다음 녹음과 편집 과정을 거쳐 광고주에 대한 시사회를 해요. 시사회에서 수정 사항이 발생하면 부분적으로 수정 보완한 다

광고 제작 과정

음 최종 완성본을 만들어 방송국에 보내면 광고가 방송됩니다.

카피라이터, 프로듀서, 기획자가 하는 일은 어떻게 다른가요?

광고회사에는 여러 직종의 사람들이 있어요. 광고 기획을 담당하는 기획부서, 제작물을 만드는 크리에이티브창작 부서, 제작한 광고물을 미디어에 노출하는 매체부서로 나눠지는 게 보통이죠.

먼저, 기획부서에는 광고를 만들기 전에 광고 전략을 세우는 광고기획자가 있어요.

제작물을 만드는 크리에이티브 부서에는 광고를 직접 만드는 광고 창작자들이 여럿 있어요. 크리에이티브 팀장CD을 비롯해, 카피라이터, 디자이너, 아트 디렉터, 프로듀서PD 같은 여러 사람이 모여 함께 아이디어를 내고 제작물을 완성해요.

매체부서에서는 신문, 잡지, 라디오, TV, 인터넷, 스마트 미디어 같은 각 매체의 기능이나 특성에 따라, 제작한 광고물을 어떤 미디어에 노출하는 것이 좋을지 결정합니다. 주어진 광고 예산을 어떤 매체에 노출해야 가장 효과가 높을 것인지를 과학적 방법으로 결정하는 것이죠. 그 일을 하는 사람을 미디어 기획자media planner

라고 하며, 그 과정을 미디어 기획media planning이라고 합니다.

▶ 광고기획자

광고기획자AE, Account Executives는 광고주와 만나서 광고전략 전반을 협의하는 동시에 광고주의 의견을 크리에이티브 부서에 전달하면서 광고 업무 전반을 조율하죠. 광고회사에 근무하면서 광고주를 대신해 광고기획을 지휘하며 전략을 실행하는 커뮤니케이션 총괄 책임자입니다.

광고는 여러 분야의 사람들이 만들어가지만 그중에서도 광고의 중심 역할을 담당하는 사람이 바로 광고기획자입니다. 광고회사의 상황에 따라 캠페인 기획자CP, Campaign Planner가 전체적인 캠페인을 총괄하는 경우도 있어요.

스스로 뭔가 계획하고 추진하기를 좋아하는 창의적인 학생이라면 누구라도 시도해볼 만한 분야죠. 논리적 사고력이 가장 필요하지만 광고의 전반적인 업무를 폭 넓게 이해해야 하고, 우수한 커뮤니케이션 능력이나 팀을 이끌어가는 통솔력과 친화력도 필요해요.

▶ 카피라이터

카피라이터Copywriter는 광고 메시지를 표현하는 카피를 쓰는 사람이죠. 다시 말해서 소비자의 마음을 움직이는 TV 광고, 인쇄 광고, 인터넷 광고, 소셜 미디어SNS 광고 등의 광고 문안을 작성하는 사람입니다. 하지만 남이 내놓은 아이디어를 보고 거기에 맞게 카피만 쓰는 사람은 아닙니다. 스스로 광고 아이디어 발상을 하고 어떻게 최종 광고를 만들 것인지 결정하기도 합니다.

카피라이터가 되는 데 전공은 그다지 중요하지 않아요. 쓰는 일에 관심이 많은 학생이라면 누구라도 꿈꿔볼 만한 분야죠. 무엇보다 평생 일할 수 있으니까요. 전략적 판단력을 바탕으로 창의성을 발휘해야죠. 광고 관련 학과나 인문학 전공자들이 대부분이지만 전공과는 무관해요. 카피라이터 중에는 문과가 아닌 이과 출신들도 있으니까요.

▶ 그래픽 디자이너와 아트 디렉터

그래픽 디자이너GD, Graphic Designer는 광고에서 시각 부분을 담당하는 사람들인데, 대체로 시각디자인을 전공한 사람들이 많아요. 그래픽 디자이너가 되고 싶다면 최소한 자신의 생각을 표현할 수 있는 드로잉 실력이나 섬세한 디자인 감각을 갖추는 게 중요해요.

그래픽 디자이너를 거쳐 광고 디자인을 총괄적으로 감독하는 사람을 아트 디렉터Art Director라고 하지요. 2000년 이전까지는 아트 디렉터라고 하면 그림을 잘 그리는 사람들로 인식되었지만 지금은 그리는 능력보다 아이디어 발상력이 더 중요합니다. 디자인만 담당하는 게 아니라 전략적 판단에 따라 보다 효과적인 비주얼이나 이미지 부분을 책임지고 있기 때문이죠. 아트 디렉터는 주로 아이디어 표현단계인 썸네일thumbnail 과정까지를 담당하고 실제 제작은 외주처에 맡기는 경우가 많아요. 뭔가 그리는 것을 좋아하는 학생이라면 한번 도전해볼 만한 분야죠.

▶ 프로듀서

프로듀서PD는 CM플래너라고도 하는데 TV나 라디오 광고의 아이디어를 내거나, 다른 크리에이터들이 낸 아이디어를 TV 광고에 적합하도록 각색하는 동시에 TV광고의 제작 과정을 조율하는 일을 합니다. TV 광고 영상의 스토리 보드나 콘티Continuos를 기획하고 촬영 일정을 비롯해 제작비 예산 관리를 총괄해요.

광고 영상의 아이디어는 광고회사 내부에서 결정한 다음 실제 촬영은 각 프로덕션의 광고 감독에게 맡기는 경우가 대부분이므로, 정해진 콘티를 잘 찍을 최적의 감독을 섭외하는 것도 프로듀서의 주요 업무입니다. 그렇다고 외부의 CM 제작사, 편집실, 녹음실과 업무를 협의하는 조정자 역할만 해서는 안 돼요. 좋은 아이디어 발상을 하고 광고 콘티의 완성도를 높이는 것이 더 중요하죠. 영상에 관심이 있는 학생이라면 한번 적극적으로 생각해보세요.

▶ 미디어 기획자

광고 제작이 끝나면 그 광고물을 방송, 신문, 인터넷 같은 미디어에 노출해야 합니다. 이때 완성된 광고물을 구체적으로 어떤 방송 시간대나 신문 지면에 노출하는 것이 주어진 광고 예산으로 광고 효과를 극대화하느냐가 중요하죠.

미디어 기획자Media Planner는 주어진 광고 예산으로 어떤 미디어에 광고를 노출했을 때 가장 효과를 볼 것인지를 평가하고 미디어 집행 전략 수립, 미디어의 시간과 지면 구입, 미디어 노출 스케줄 수립 등 미디어 운영 계획을 짜는 사람입니다. 예를 들어, TV 방송의 시청률, 신문의 구독률, 인터넷의 클릭률을 종합적으로 분석하고, 그 미디어의 광고비가 얼마나 싼지 비싼지를 검토한 다음에 최종적으로 광고 노출을 결정합니다. 특히, 소비자의 미디어 이용 스타일을 분석해서 가장 적절한 미디어를 선택합니다.

미디어 환경의 변화에 관심이 있는 학생이라면 누구라도 해볼 만한 분야입니다.

▶ 크리에이티브 디렉터

크리에이티브 디렉터CD, Creative Director는 광고 창작 과정에서 전반적인 권한과 책임을 가지고 있는 사람이죠. 카피라이터, 디자이너, 프로듀서로 각자 자기 분야에서 오랫동안 일한 다음 승진하여 광고 제작을 총괄하는 직책입니다. 광고 전략에 따라 어떤 콘셉트를 바탕으로 아이디어를 도출해야 타당한지, 광고 제작의 총괄적인 청사진을 제시하며 캠페인을 이끌어갑니다.

광고회사에서 가장 중요한 직종이기는 하지만 처음부터 크리에이티브 디렉터로 광고 일을 시작하는 사람은 없어요. 카피라이터, 디자이너, 프로듀서로 출발해 자기 분야에서 일을 하다가 나중에 책임자로 올라가는 거죠.

광고에 대한 풍부한 경험과 지식이 있으며, 좋은 아이디어와 나쁜 아이디어를 가릴 줄 아는 안목이 있는 사람이 크리에이티브 디렉터가 될 가능성이 높아요.

21세기 광고는 어떻게 달라지고 있나요?

21세기의 광고회사는 인터넷 광고와 모바일 광고에서 중요한 수익 모델을 찾고 있어요. 인터넷 광고와 모바일 광고를 비롯한 새로운 유형의 광고에서 많은 이익이 난다고 생각하는 것이죠.

▶ 스마트 광고
사람의 성별을 광고가 알아서 구분하고, 성별에 따라 광고 메시

성별에 따라 메시지가 달라지는 플랜UK 스마트 광고

지가 알아서 반응하는 광고, 공상과학 영화의 단골 메뉴였던 스마트 광고 시스템이 정말로 세상에 나왔네요. 영국 런던 옥스퍼드가의 버스정류장에 자선재단인 플랜UK의 광고가 설치되었는데, 이 광고에 눈 사이의 간격, 뺨, 코, 턱선을 분석해 성별을 판단하는 첨단 얼굴 인식 기술이 사용되었죠. 이 광고는 스마트 광고가 어디까지 진화할 수 있을지 우리의 상상력을 불러일으켜요.

▶ 광고영화의 진화

미래 사회에서는 광고영화가 광고의 주요 장르가 될 것으로 예상됩니다. 광고advertising와 영화movie의 합성어인 '애드무비Ad+Movie'

영화 '게이머'에서 예견한 2034년의 빌딩숲 광고.

출처: blog.naver.com/adflashblog?Redirect=Log&logNo=150136307956

나 '무버셜movercial'은 15초나 30초라는 시간 제약을 받지 않기 때문에 어떤 브랜드에 대해 깊이 있게 이야기하기Storytelling가 가능하며, 상품 배치PPL, Product Placement와 접목시켜 다양한 변형 형태도 만들 수 있어요.

광고영화는 스토리 전개와 촬영 방식은 영화의 틀을 유지하지만 그 내용은 광고 메시지로 구성됩니다. 가까운 미래에 광고영화가 광고, 영화, 드라마, 만화, 게임 같은 여러 장르의 경계를 넘나들며 급속도로 진화할 것입니다.

미래의 광고영화에서는 광고를 보는 순간 광고 메시지가 광고를 보는 소비자의 눈동자를 신속히 스캔해서 욕구와 성향을 파악할 수 있게 될 거예요. 소비자가 광고를 보는 게 아니라, 광고가 소비자를 보고 대상에 따라 메시지를 선별하여 전달하는 거죠.

▶ 광고게임의 진화

게임과 인터넷 광고를 접목시키면 애드버게임Advergame: 광고 목적의 게임이나 게임 내 광고In-Game Advertisement가 가능해지죠. 여러 명이 동시에 게임을 할 수 있는 상호작용 광고게임도 유행할 거예요. 광고게임을 하는 동안에는 광고인지 게임인지 구분하기 어려울 정도로 경계가 모호하기 때문에, 미래의 광고게임에서는 게임의 몰입도가 광고에 대한 거부감을 줄여줄 것이라고 예상됩니다.

2034년을 배경으로 하는 영화 〈게이머〉에서는 건물 전체를 광고판으로 활용하고 있어요. 도시의 고층 빌딩 숲이 늘어나면 자연스럽게 건물 외관에 광고를 하는 사례도 늘어나겠지만, 광고게임을 활용하는 사례도 광고의 대세가 될 것입니다.

▶ 증강현실 광고의 진화

증강현실增强現實, Augmented Reality이란 실제와 가상 사이의 영역인 혼합 현실의 일종으로, 눈으로 볼 수 있는 현실세계에 가상의 물체를 시각적으로 겹쳐 보이게 하는 것이죠. 증강현실은 현실세계에 있는 어떤 사물의 정보나 이미지를 컴퓨터 그래픽으로 중첩시켜 표현하기 때문에, 현실에서 눈으로 볼 수 없는 것을 보여주거나

아다스 증강현실 광고.

손으로 더듬어서 느끼게 해주는 기술입니다. 증강현실은 대상의 보이지 않는 정보를 이미지나 새로운 정보 형태로 구현합니다. 따라서 증강현실 광고는 미래의 마케팅 커뮤니케이션 전략에 날개를 달아주는 중요한 기법으로 활용될 것이 분명해요.

광고에 대해 좀 더 알고 싶어요

▶ 클리오 광고제Clio Awards

'광고계의 오스카'라 불리며, 1959년 클리오어워드사Clio Awards Ltd의 주최로 '미국 TV, 라디오 광고제'라는 이름으로 창설되었다가 1963년에 '클리오 상'으로 공식 명칭을 바꾸었어요. 1959년 창설 당시에는 뉴욕 등 미국 내 TV 광고를 대상으로 했으나 2000년 뮤직비디오 부문을 추가하면서 전 매체를 대상으로 한 국제광고 상으로 발전했어요. 현재 TV, 라디오, 인쇄, 포스터, 인터넷, 디자인 등의 분야로 나누어 소비자 광고와 캠페인 부문을 시상하고 있어요.

▶ 칸 국제광고제 International Advertising Festival

1953년 창설된 이래 칸 영화제로 유명한 프랑스의 남부 도시 칸에서 매년 열리고 있죠. 처음에 극장용 광고 중심으로 개최되었지만, 점차 TV-CM의 세계적 광고제로 영역을 확대하면서 클리오와 함께 세계 광고제의 양대 산맥을 구축해 왔어요. 출품 부문은 광고 및 커뮤니케이션에 관한 모든 제작물로, 필름 29개 부문, 신문·잡지 23개 부문, 포스터 20개 부문이 있어요. 최근에는 '국제 창의성 축제 International Festival of Creativity'로 이름이 바뀌었어요.

▶ 뉴욕 페스티벌 New York Festivals

1957년 설립된 뉴욕 페스티벌은 본래 비 방송매체 분야에 있어 두드러진 발전을 장려하기 위해 기획되었어요. 1980년부터 양적, 질적으로 급속한 성장을 해왔으며 매체와 경쟁부문이 가장 다양한 광고제입니다. 출품 부문은 TV·영화 광고 52개 부문과 잡지·

신문 광고 71개 부문, 라디오 광고 57개 부문 등입니다.

▶ 런던 페스티벌The London Festivals

런던 국제광고상London International Advertising Awards 조직위원회에서 1985년에 전 매체 광고를 대상으로 설립했어요. 출품 부문은 TV 및 시네마 47개 부문, 인쇄 48개 부문, 라디오 31개 부문, 패키지 디자인 27개 부문, 인터랙티브 미디어 27개 부문입니다.

▶ 부산국제광고제

2007년 제1회 대회가 열린 부산국제광고제는 '아시아의 칸 광고제'로 불리는 국내 유일의 국제 공익 광고제로, 온라인 예선과 오프라인 본선이 함께 진행되는 세계 최초의 융합 광고제입니다.

▶ 다양한 광고자료를 손쉽게 구하려면?

광고물과 문헌 등 광고자료가 궁금하면 광고정보센터www.adic. co.kr, tvcf tvcf.co.kr, 광고포털 애드와플www.ad.co.kr 같은 국내 광고 사이트를 클릭해보세요.

클리오 광고제clioawards.com, 원쇼oneclub.org, 아시아태평양 광고제 adfest.com 등 다양한 해외광고 사이트를 보면 창의력이 돋보이는 광고들을 무료로 볼 수 있어요.

▶ 주요 공익광고를 볼 수 있는 사이트

미국 광고위원회 Advertising Council, www.adcouncil.org

일본 공공광고기구 www.ad-c.or.jp

한국 한국방송광고진흥공사 www.kobaco.co.kr

광고인이 되려면 어떤 공부를 해야 하나요?

광고인이 되고 싶으면 먼저 대학의 광고홍보학과에 입학하는 것이 가장 바람직하죠. 대학의 광고홍보학과에서는 광고 기획, 광고 크리에이티브, 마케팅, 카피라이팅, 광고 디자인, 미디어 기획, 광고 캠페인, 소셜 미디어, 광고홍보 영어, 광고 프레젠테이션 같은 다양한 과목을 배웁니다.

광고인이 될 수 있는 가장 일반적인 방법은 공채 시험에 응시하는 것입니다. 시험 과목은 대개 언어국어, 영어와 면접이죠. 면접에서는 정답이 없는 기발한 아이디어를 묻는 경우가 많아요. 이 밖에도 여러 광고 공모전에 참여해서 수상을 하면 특채로 입사 되는 경우도 많아요.

아직 취업하려면 시간이 많으니, 지금부터라도 광고들을 유심히 보는 습관을 가져보세요. 시청하던 TV 프로그램이 끝났다고 바로 채널을 돌리지 말고 광고까지 꼭 보고 나서 채널을 돌리세요. 광고를 관심 있게 지켜보는 것만으로도 충분한 광고 공부가 될 테니까요.

이제, 앞으로 전 세계 광고계에서 주목하는 한국의 오길비를 꿈꿔보세요.

그렇지만 광고회사에서 광고홍보학과 졸업자만 뽑는 것은 아니랍니다. 아이디어가 뛰어나고 끼가 있는 사람이라면 전공 영역을 불문하고 뽑기 때문에 창의적인 아이디어 발상력을 갖추는 게 가장 중요해요.

또 광고인이 되려면 실력과 오기, 그리고 끈기 모두 필요해요. 정신적으로나 육체적으로 힘들 때도 있지만 자신이 만든 광고가 미디어에 노출되는 것을 보는 기쁨은 세상의 그 무엇과도 바꿀 수 없어요. 그래서 광고의 재미와 성취감은 정말 남다르죠.

자신의 아이디어를 언어적으로 시각적으로 표현할 수 있는 커뮤니케이션 능력도 중요하고, 며칠 밤을 새워도 끄떡없을 만큼 강한 체력이 필요하겠죠?

인문학적 바탕이 중요하므로, 중고등학교 시절에는 시나 소설, 에세이를 많이 읽고, 하루하루의 일상을 웹툰으로 그려보거나 일기를 쓰는 것도 좋은 준비가 되겠네요.

공부를 잘하는 사람이 꼭 좋은 광고를 만든다고 할 수는 없어요. 그렇다고 해서 공부를 못 하는 사람이 좋은 광고를 만든다고도 할 수 없어요.

광고인이 되려면 무엇보다 활동적이고 적극적인 생활을 하는 게 좋아요. 친구들 사이에서 커뮤니케이션을 잘하려고 노력하는 것도 좋겠죠. 이 밖에도 창의적인 사고력이나 문장력을 갖췄다면 더할 나위 없이 좋겠네요. 유머 감각은 필수 아니겠어요?